ルポ 漂流する民主主義

真鍋弘樹
Manabe Hiroki

a pilot of wisdom

はじめに

コンクリートの支柱で支えられた高さ約三メートルのフェンスが、歩道沿いに延々と続いている。有刺鉄線の向こうに、青い芝生が広がる。

日本において、人々を物理的に隔てる「国境の壁」があるとしたら、それは沖縄だろう。記者として二年ほど住んだことのある沖縄の地を久しぶりに踏んだとき、だが、この島の古い友人はこう言った。最近では、米軍基地のフェンスより、ヤマト（日本本土）との間にもっと高い壁を感じている、と。その言葉の通り、基地に反対する沖縄の人々に対し、敵意をむき出しにした言葉がネットや街頭でまき散らされている。そこには自分とは考えが違う他者を排除する「壁」がある。そして改めて今の日本を見渡してみると、それは沖縄に限らない。世の中を敵と味方に分ける、そんな心のあり方が広がっていることは、この本を手に取って下さった方々も実感しておられることと思う。

二〇一七年までの約五年間、赴任していたアメリカでも、そして取材で訪れた欧州でも、それは同様だった。「国境に壁を築く」というトランプ米大統領の発言を待つまでもなく、ごく普通の人々が、心の中に自ら壁を立てていた。ベルリンの壁が崩れて約三〇年、冷戦終結が導いたグローバル化の荒波は、皮肉にも世界各地で壁を増殖させ、民主主義を漂流させている。そんな現場の多くに立ち会った記者の立場で、自分が見聞きしたいくつもの点をビーズ細工のようにつなぎ、一つの絵を描こうと試みた。それが本書である。

序章では世界を驚愕させたトランプ大統領誕生直後のアメリカ社会の空気を描き、代表制民主主義が病に侵されている状況を概観した。第一章から第三章までは、日本で就職氷河期に世に出たロストジェネレーションの苦境、米国におけるアメリカン・ドリームの喪失、欧州各国ではびこる移民排斥の情念について、ルポを中心に多くの人々の声を結んだ。そして第四章では、現在の日本の状況に立ち返るとともに、各国の「有権者の乱」をどう考えればいいのか、分析を試みた。なお、文中に登場する人物の年齢や肩書きなどは、基本的に取材時のものであり、敬称は省略させていただいた。

コンクリートや鉄でできた壁は、どんなに堅牢でも、いつかは人の力で壊すことができる。では、目に見えない心の中の壁はどうか。その手がかりを探そうと思う。

目次

第四章　警鐘　二〇一七年～現在 ―― 153

図版作成／クリエイティブメッセンジャー

序章　民主主義って何だ？

トランプ当選後、大勢の市民がニューヨークのトランプ・タワーの前で抗議活動をした。「ノートランプ　ノーＫＫＫ（白人至上主義団体のKu Klux Klan）　ノーファシスト」と書かれたプラカードを持って抗議する人も。

この言葉が今も、頭の中で反響している。

〝テル　ミー　ホワット　デモクラシー　ルックス　ライク〟"Tell me what democracy looks like."

「教えて、民主主義ってどんなものか」。直訳すると、こうなる。米ニューヨーク・マンハッタンで、この言葉が叫ばれるのを幾度となく聞いた。メディアを通じて世界中に映像や写真が流れ、すっかり有名になった五番街のトランプ・タワーの目の前で。

タワービルの持ち主、ドナルド・トランプが共和党の指名候補となり、民主党のヒラリー・クリントンを本選挙で破って第四五代アメリカ大統領の座を手にした二〇一六年、このコールが何百回、何千回と摩天楼の森に反響した。反人種差別、フェミニズム、反格差などの市民グループが、ほぼ毎日のようにビルの前で抗議活動を繰り広げたが、このフレーズが彼ら、彼女らの決まり文句だった。

これが最初に叫ばれたのは、格差に抗議してニューヨークの金融街を占拠した「オキュパイ・ウォールストリート運動」の現場だったという。この疑問文に対して、〝ディス　イズ　ホワット　デモクラシー　ルックス　ライク〟"This is what democracy looks like."

という答えを続ける。路上を占拠するデモのうねり。これこそが民主主義だ、ということなのだろう。代議制民主主義とは違う回路を通じた新しい動きを提示しながらも、オキュパイ運動は、活動を継続できずに収束していく。

その後、この言い回しは世界中の民主化デモで使われるようになった。日本では、安保法制への反対運動をした学生団体、ＳＥＡＬＤｓが、ラップ調のコールにのりやすいよう、「民主主義って何だ」と訳して、国会前で叫んだ。彼ら、彼女らもまた、安保法制の成立を阻止することはできず、二〇一六年に解散する。

民主主義って何だ？　これは、二〇一五年から現在にかけて、世界で起きたことを表した言葉だと思う。

私の大統領じゃない

トランプが大統領選で当選確実となった二〇一六年一一月八日を過ぎると、アメリカでは次に、こんな言葉が生まれた。

〝ノット　マイ　プレジデント〟“Not My President”

「私の大統領じゃない」

トランプ当選に抗議する人々から、自然発生的に生まれた言葉だ。人々は大統領選投開票日の直後から、やはりニューヨークのトランプ・タワー前でデモを続け、この文句をプラカードに書いて掲げた。しばらくすると、デモの現場近くでは、この言葉をデザインしたバッジも売り出された。

法で定められた選挙制度によって正当に選ばれた人を、「私の大統領じゃない」と否定する。ロシアのサイバー攻撃による介入があったとされる選挙だったとはいえ、これは、民主主義の否定のようにも聞こえるが……。

「いや、私の大統領じゃない、というのはある意味、正しいと思う」。反トランプ団体

「民主主義の春」副代表のカート・ライズ（二八）は、私にそう語った。

「そもそも総得票数では、ヒラリーが勝利しているのだし」

確かに、ポピュラーボートと言われる全米の総得票数では、ヒラリー・クリントンがトランプを二〇〇万票以上も上回っていた。

ライズは付け加えた。

「僅差でも勝者が総取りする。負けた人たちはまったく何もできない。今の選挙は、逆に分断を進めるシステムなのではないか」

米国民が最高権力者を選ぶアメリカ大統領選は、厳密に言えば間接選挙のかたちを取っている。地元選出の連邦議員と同数分、各州に割り当てられた計五三八人の選挙人をどれだけ獲得するかで勝敗が決まるが、制度設計上、人口が少ない州の方が相対的に多くの選挙人を持つことになる。加えて、大多数の州では一票でも多く勝ち取った方がすべての選挙人を得る「勝者総取り（ウィナー　テイク　オール）」方式なので、国全体の票数の多寡と勝敗が食い違うことは過去にもあった。

とはいえ、それも選挙前から候補者も含めたすべての米国民が分かっていたことであり、結果が出た後になって、「制度がおかしい」「選挙が公平ではない」と主張しても、受け入れられるはずはない。

考えてみれば不思議である。そもそも選挙とは、さまざまな意見を持つ有権者たちが議論を深め、最終的に投票で代表者を決めて、社会を一つにまとめることを目的としているはずだ。それなのに今、多くの有権者が、多数決の結果として選ばれた代表者を受け入れられない。

米国最大の反トランプ団体「反トランプ民主連合」代表のジョン・クーパー（六一）は、こう話した。

「人種や女性、同性愛者、イスラム教徒を差別し、うそをつくことに良心の呵責《かしゃく》を感じない大統領は今まで存在しなかった。この選挙結果は、民主主義への信頼を大きく揺るがしたと思う」

トランプを選出した二〇一六年のアメリカ大統領選は、「民主主義の失敗」だったのだろうか。

厳戒の首都

アメリカで「民主主義の祭典」と称されてきた、四年に一度の大統領の就任式もまた、米国民の戸惑いを如実に表すものとなった。

大統領選から二カ月半が経《た》った翌二〇一七年一月二〇日、ワシントンの連邦議会議事堂からまっすぐに延びる緑地帯、ナショナル・モールは、トランプ新政権の誕生を祝う人たちの歓声と、強く異議を唱える人たちの抗議の声に引き裂かれた。当日だけで六三団体、前後の日を合わせると九九団体がデモを予定した。

就任式会場に近いワシントンの玄関口ユニオン駅には早朝から、就任式への参加者と抗議デモに加わる人々の双方が押し寄せた。会場へ向かうトランプの支持者には背広にネクタイ姿や、「Make America Great Again（アメリカを再び偉大に）」と書かれた例の赤い帽子をかぶった人が目立ち、一方でデモ参加者は思い思いの抗議の言葉を書いたプラカードを手にしている。互いのグループに属する人々は、まるで話す言葉が違う外国の住民のようで、目を合わせようともしない。

そんな中、勇気があるというべきか、「壁は要らない」と書かれた紙を手にした黒人男

2017年の大統領就任式の日、首都ワシントンでは厳戒体制が敷かれ、デモ隊と警官隊があちこちで衝突した。

性が一人、トランプ支持者らに声をかけていた。

「みんな、目を覚ませ。これから悪夢を見に行こうっていうのか」

就任式会場に入るゲートの一つでは、トランプに反発する約三〇〇人が腕を組んでバリケードを作り、支持者と小競り合いになっていた。市内では散発的にデモ隊と警官隊が対峙《たいじ》しており、そんな現場の一つを取材していると、突然、まばゆい閃光《せんこう》と同時に、胸郭を突き上げるような爆音がした。

デモ参加者らがこちらに向かって逃げ惑うように一斉に走ってくる。爆音と目をくらませる光を発する「音響閃光弾」を警官隊が使用したらしい。近くで暴徒制圧用の催涙スプレーも使われたようで、のどがいがらっぽい。

これが、「民主主義の祭典」だというのだろうか。この日の首都の風景は、病魔に侵された民主主義が、その患部をさらけ出し、のたうち回っている姿のように見えた。

極点から極点へ

ちょうど八年前、二〇〇九年のバラク・オバマの一期目の大統領就任式の日も、私はここ、ワシントンにいた。

氷点下の早朝、外国メディアには一社あたり一、二枚しか割り当てられない貴重な記者パスを手にし、私はホテルを出た。交差点ごとにコンクリート製のバリケードが設置され、警察官に身元を質《ただ》される。この日、首都の人口約六〇万人を遥《はる》かに超える一八〇〇万人もの人が全米各地から集まったとされ、そのほとんどが新大統領の就任を歓迎するアメリカ国民だった。

検問や保安検査を何度も抜けてようやくたどり着いた記者席は、大統領が宣誓を行うバルコニーから一〇〇メートル足らずの場所にあった。零下一〇度にもなろうかという極寒の屋外で、何時間も待った末に、その瞬間はやってきた。オバマが聖書に手を当てて宣誓をした刹那、私はふと振り返り、息を呑《の》んだ。

ナショナル・モールを無数の参加者が埋め、それが灰色の流砂のようにゆっくりと揺れている。その塊は地平線まで続いているかのようだった。これだけの群衆を目視したことは、後にも先にもない。アメリカ史上初の黒人（アフリカ系）大統領の誕生に立ち会おうと零下の緑地帯に詰めかけていた人々は、ただ、壇上の一点を見つめていた。

自分たちの一票が、国を、歴史を変えることができる。民主主義ってこれだ。参加者たちの顔は、誇りに満ちているように見えた。

それが、わずか八年後、黒人男性が叫んでいた通りの「悪夢」のような風景が同じ首都ワシントン中心部で繰り広げられることになった。民主主義を標榜《ひょうぼう》する超大国が、極点から別の極点へと移動してしまったかのようだった。

アメリカに、いったい何が起きたのか。

ニューヨークの地下鉄駅構内には、トランプ大統領就任についての不安や恐れ、または逆に愛や協調について書いた無数の付箋が貼られた。

地下鉄駅の壁

トランプ当選を信じられない人々の当惑は、ニューヨークの地下鉄駅構内の壁一面に、言葉の羅列となって広がった。

トランプ勝利が決まった二〇一六年の大統領選直後から、地下鉄のR、Qラインや5、6ラインが交差するユニオンスクエア駅のタイル張りの壁に、赤や青、黄の正方形の付箋がぎっしりと貼られるようになったのだ。それぞれに、手書きのメッセージが書かれている。

投開票日の翌日に約二〇〇〇枚、そ

の明くる日には約五〇〇〇枚。一カ月半後には、五万枚を超えた。

その現場で、一枚一枚、付箋を読んでみた。

〈アメリカは間違いを犯した〉

〈私は、選んでいない〉

〈トランプは絶対にアメリカを偉大になんかしない〉

〈言論の自由はどうなるのか〉

〈これって現実?〉

〈今、起きていること全部が終わって欲しい〉

きっかけを作ったのは、ニューヨーク市内でバーテンダーをする二八歳のマシュー・チャベスというごく普通の男性だった。ふと思いつき、折りたたみ式のテーブルとイス、そしてペンと付箋の束を手に、地下鉄を利用する人々に話しかけてみたのだという。あなたが今、恐れているものは何ですか、と。

取材を申し込み、地下鉄の駅の片隅でチャベスと話し込んだ。

「大統領選の結果を見た多くの人々は、これから自分たちに何が起きるのか分からず、おびえていた。民主主義はこれからいったいどうなるのか、不安にかられていた。そう、まるで自分たちの声が消音（ミュート）され、言葉が断ち切られることを恐れているようだった」

中でも強い印象を残したのは、小さい子どもを持つ親や、小学校の教師たちの言葉だったという。大統領選の結果について子どもたちに問われ、多くの親たちや教師が答えに窮していた。あるメキシコ系米国人の母親は選挙後、トランプが勝ったことを知って毎日のように泣き続ける一〇代の娘に、いったいどんな言葉をかければいいのか、とチャベスに悩みを語った。

ニューヨーク市は、全米でもリベラル派の住民が多い地域として知られる。全世帯の過半数が英語以外の言語を家庭内で話しているという調査結果もあるほど、人種的、文化的な多様性を具現した都市でもある。

排外主義を隠そうともせず、「メキシコとの国境に壁を築く」と公約したトランプ。大統領選の期間中、小学生の子を持つ家庭の多くで、こんな会話が交わされたのだとチャベスは言う。

「お父さん、お母さん、トランプさんはどうして、外国から来た人たちを追い出すって言っているの？」

「トランプさんはね、クラスで友だちに意地悪をするいじめっ子と同じなんだ。あなたは、友だちには優しくしないといけないよ」

その「いじめっ子」が、自分たちの国の大統領になる。なぜ、そんな人が選ばれたのか、大人でも戸惑い、信じられずにいるのだから、子どもに分かるように説明することは難しい。

親たちだけではなく、多くの教師もまた、戸惑っていた。大統領となる人が、特定の国々を敵視し、不法移民を追い返すと叫んでいる。だが、学校には、そうした国々から来た移民の子たちも多く通っているのだ。

多くの人たちが「声」、つまり自分たちを代表してくれる人を見失った。そんな無数の叫びが、地下の壁にちりばめられていた。

自分たちが選んだ代表者への不信

選挙結果に納得できない。自分たちが選んだはずの代表者を信用できない。これは、トランプを大統領にしたアメリカ一国だけの話ではなく、近年、世界的に広がっている現象だ。

読売新聞とギャラップ社が定期的に行っている日米共同世論調査では毎回、両国の公共機関や各種団体、組織の「信頼度」を調査している。この中で、「首相／大統領」「国会／連邦議会」を「信頼している」と答えた人の割合はこのところ一貫して五割を切っている。二〇一六年末の調査では、日本で首相を信頼している人は四六％、アメリカで大統領を信頼しているのは四七％とほぼ同水準だった。これは、「警察・検察」「裁判所」「自衛隊／軍隊」「病院」などと比べると一〇から四〇ポイント以上のマイナスとなっている。「国会／連邦議会」はさらに信頼度が低く、日本で一八％、アメリカで三三％と、「寺・神社・教会」「新聞」「テレビ」「中央省庁／連邦省庁」「地方自治体」「学校」「大企業」「労働組合」などのほかの選択肢の中で、最低の数字となっている。

警察や軍隊、メディアなどは国民が選ぶことはできないが、国家の指導者や議員は選挙という手段で選ぶことができる。自ら票を投じた人を、ほかの組織、団体、個人よりも信頼することができない。自分たちで選んだ人に対して不信感を募らせるという、何とも不思議な心情が、日本でも米国でも広がっている。この傾向は、ヨーロッパなどでも同じである。

欧州、米国、そして日本でも近年、政治不信という言葉を聞かぬ日はない。それは言い換えれば、代議制民主主義を根本から支える選挙という仕組みそのものへの疑念が高まっているということだろう。

反欧州連合（反EU）、反移民を掲げた右翼・国民戦線（FN。現国民連合）のマリーヌ・ル・ペンが決選投票に残り、結果が注目された二〇一七年五月のフランス大統領選では、既成政党に属さずに立候補した三九歳のエマニュエル・マクロンが当選したものの、決選の投票率は第一回投票より三ポイント余り低い七四・六二%にとどまった。これは約五〇年ぶりの低投票率だった。白票や無効票も合わせると、有権者の三人に一人が両候補どちらの支持も拒むという結果となったことに驚きが広がった。

日本でも、無党派層、つまり世論調査などで「支持政党なし」と答える人々が、最大多数を占めるようになって久しい。第四章で詳しく取り上げるが、二〇一七年の総選挙では、

「積極的棄権」の主張が取りざたされた。「今なら勝てる」という政権党の党利を目的として行われた解散や、自らの生き残りだけを考えたような「風頼み」の野党の離合集散に対して、「選びようがない」という声が上がった。台風の影響があったとはいえ、投票率は五三・六八％と、戦後最低を記録した前回二〇一四年総選挙の投票率とほとんど変わらなかった。

一部の人々の代表

有権者が、選挙の結果を受け入れられない。それと線対称ともいえる振る舞いが、選挙で選ばれた政治家側にも目立つようになった。

選挙戦ともなれば、対立候補との政治的立場の違いを強調し、自らの支持層の要望に応えるような政策を打ち出すことは、政治家として当然の行為だろう。当選後も、所属政党や出身組織によって採り得る政策の選択肢は変わってくるし、その利害、関心に沿った政権運営をするのは避けられない。

だが、一国の指導者として選ばれたからには、批判勢力や反対派を含めた国民すべての代表者として振る舞うのが大統領や首相としての責務である。誰に投票したかにかかわらず、すべての国民が主権者であるのだから。

それゆえ、一国の最高指導者の発するメッセージは、「すべての国民の代表」であることが前提だと考えられてきたし、歴代のアメリカ大統領も、この民主主義の約束事に沿ったスピーチを紡いできた。あくまで建前だとしても、だ。

再び、バラク・オバマを例に取ろう。二〇〇八年一一月四日の大統領選当日、地元イリノイ州シカゴで行った勝利演説で、彼はこう語っている。

「老いも若きも、金持ちも貧乏人も、揃《そろ》って答えを出した。民主党員も共和党員も、黒人も白人も、ヒスパニックもアジア人もアメリカ先住民も、同性愛者も異性愛者も、障害者も障害のない人たちも。アメリカ人はみんなで、答えを出したのです」

「私がまだ支持を得られていないみなさんにも申し上げたい。今夜はみなさんの票を得られなかったかもしれませんが、私には、みなさんの声も聞こえています。私には、みなさんの助けが必要なのです。私はみなさんの大統領にも、なるつもりです」

支持者二〇〇万人以上が集《つど》ったとされるミシガン湖畔の演説会場に、取材記者として私も詰めていた。オバマは、アフリカ系米国人という自らの属性のために、国民の間に分断と憎しみが生まれることを強く懸念しているように見えた。勝利宣言では、その裂け目を修復しようと心を砕いていることが、一語一語から感じられた。

こんな人たち

それとは対照的に、二〇一七年一月のドナルド・トランプの大統領就任演説は、「特定の有権者」に宛てられたメッセージという印象を強く受けるものだった。ワシントン市内で激しい抗議デモが繰り広げられる中、連邦議会議事堂のバルコニーに立って、彼はこう呼びかけた。

「私たちの国で忘れ去られていた男性、女性は、もう忘れられた存在ではない。すべての人々がみなさんに耳を傾けています」

「忘れ去られた人々」という言葉を、トランプは選挙戦中にもたびたび使っていた。就任演説では、「一つずつ工場がシャッターを閉めて海外へ流出し、取り残された何百万人もの米国人労働者」とも表現していた。工場の海外移転や不法移民のせいで職を奪われたと考え、既存の大統領や議員ら政治家たちは自分たちの存在を忘れている、と感じている有権者たち。

トランプは就任演説で「今日の私の宣誓は、すべてのアメリカ国民への忠誠の誓いです」とも述べ、自分が全国民の代表であるということを意識はしていたようだった。しかしながら、演説全体を通じて、「自分を支持しなかった人々への和解と連帯のメッセージ」はほぼ皆無だったといっていい。

加えて、米国大統領として特異なのは、ツイッターという自ら世界へ発信できるソーシャルメディアを使い、常に何者かを敵視する言葉を頻繁に発してきたという点だ。就任式後、一週間も経たないうちに約四〇回もツイートし、抗議運動や自身を批判するメディアを攻撃し続けた。

ニューヨーク・タイムズ紙によると、二〇一五年の大統領出馬表明から一七年六月までにトランプがツイッター上で攻撃をした個人や組織は三三七にも上っている。

「ペテン師（Phony）」「知能指数が低い（Low I.Q.）」「気がおかしい（Psycho）」「インチキな（Crooked）」。そんな悪態をつき、一国の最高指導者という立場ながら、自分を批判するものは自国民だろうが容赦なくたたき、敵視する。

ここまで低劣なののしり言葉ではないとしても、トランプと似たたたずまいを持つ言葉が、日本でも聞かれたのを覚えている人は多いだろう。二〇一七年七月の都議選で、安倍晋三首相が東京・秋葉原の街頭で口にした、あの言葉だ。

「こんな人たちにみなさん、私たちは負けるわけにはいかない」

安倍首相の演説中、聴衆の一部から「帰れ」「やめろ」コールが沸き起こった。「安倍やめろ」と書かれた大きな幕を広げ、政権批判が書かれたプラカードも掲げていた。すると首相は、連呼している人たちの方向を指さし、「憎悪からは何も生まれない」という言葉に続けて、「こんな人たち」と大声を上げた。

自らの施策に反対する人々もまた国の一員であり、内閣総理大臣として生命財産を保護すべき対象である、という認識は微塵も感じられない発言だった。自身への批判を「憎悪」と受け止めていることからも、それはうかがえる。

ドナルド・トランプと安倍晋三。この二人の政治家の心中には、〈自分は、自分を支持してくれる人だけの代表である〉という意識が色濃くあるように思える。だからこそ、このような言葉が飛び出してくるのだろう。

自分たちが選挙で選んだ代表者を信頼できない有権者。すべての有権者の代表という意識に欠ける為政者。まるで不安定な大気が竜巻を発生させるように、各国で負のスパイラルが渦巻いている。多くの人たちが今、自分を代表してくれる人を見失っているのだとしたら、それは「代表制民主主義」の危機を意味する。

「さらば、民主主義」

二〇一七年の一月一日、朝日新聞一面トップに、「試される民主主義」という見出しの連載記事が掲載された。

これを書いたのは私だ。トランプ大統領の誕生を題材に、世界で民主主義が試練に直面していることを主題にしたもので、本書を執筆するきっかけにもなった文章である。

この記事について、保守思想家として名高い京都大学名誉教授の佐伯啓思《けいし》が、自著『さらば、民主主義——憲法と日本社会を問いなおす』（朝日新書、二〇一七年）の冒頭で揶揄《やゆ》気味に取り上げた。

「おそらくこれが、今日の『民主主義者』にいえる最善のことだろう、と想像はつきます」

佐伯は以下のように続けている。

「『民主主義を擁護してみよ』といわれれば、私も、同じようなことをいうほかないでしょう。しかし、それにしてもこの二つの理由はいささかさびしいものではないでしょうか。いわば『他にないからこれでがまんしよう』『理解し合えることを信じるしかない』といっているのですから」

「本来、民主主義はうまくいくはずがないのです。そのように考えておくべきなのです」

その傍証として、佐伯はこう書いている。既存のメディアや識者は、トランプ現象を「ポピュリズム」、すなわち大衆迎合主義であり、民主主義の破壊だと考えているが、ポピュリズムには元々、「大衆主義」と「人民主義」の二つの意味がある。「つまり、民主主義とは、一方では『人民主権』なのですが、別の角度からいえば『大衆迎合主義』なのです」という。

この「批評」を読んで、私は複雑な思いにとらわれた。私は、トランプ現象を「民主主義の破壊」であるとは思っていないし、「大衆迎合主義」だから問題であるともまったく考えていないからだ。

佐伯も書いているように、昨今、世界各国で起きている政治現象を説明するのに、ポピュリズムという言葉が多用されているのは事実である。のちほど、詳しく読み解いていくが、千葉大学教授の水島治郎は、「ポピュリズムとはデモクラシーに内在する矛盾を端的に示すものではないか」「現代のデモクラシーは、自らが作り上げた袋小路に迷い込んでいるのではないか」と著書『ポピュリズムとは何か――民主主義の敵か、改革の希望か』(中公新書、二〇一六年)で述べている。

民主主義が試練に直面し、袋小路に入り込んでいるのは確かだとしても、だからといって、「さらば、民主主義」と別れを告げる道しか、私たちには残されていないのか。

私には、そうは思えない。

民主主義の命運が尽きるとしたら、それは人々の信頼を失ったときだろう。「民主主義がうまくいくはずはない」とすべての有権者が考えれば、その日から民主主義は本当にうまくいかなくなる。そんな呪いのような言葉を信じるわけにはいかない。民主主義はもう本当に役に立たないのか、本書を通じてそれを検証していこうと思う。

結論めいたことを少し先取りすると、トランプ大統領の誕生、英国のＥＵ離脱（ブレグジット）国民投票、欧州各国のポピュリスト政党の台頭など、民主主義の危機を体現しているように見えるこれらの出来事は、「問題の原因」ではない、と私は考えている。

今、世界各地で選挙をかき乱しているポピュリズムは、問題を引き起こす元凶なのではなく、結果なのではないか。病気になぞらえると、それは頭痛や発熱、咳などの症状であり、病原菌の感染や免疫低下といった病因ではない。国民国家という身体《からだ》を長い間、むしばんできた病の原因は別にあるととらえるべきなのだ。

この十数年、私はジャーナリストとして、日米欧を覆う「民主主義の危機」の現場に足を運んだ。前述のように、アメリカでは、オバマ、トランプ両大統領の誕生に立ち会い、有権者たちの生の声を聞いて回った。欧州では、英国のＥＵ離脱国民投票や、オーストリア、スペインにおける政治の変貌を追い、反移民、反格差の情念が渦巻く現実を知った。そして、もちろん日本でも小泉改革から安倍一強までの民意の揺れと、それをもたらした社会の磁場の変化を体感している。

世界中に散らばった一つ一つの現場を、文字で縫い合わせるようにたどり、先進各国が陥っている症状を読み解いてみたい。

第一章　予兆　二〇〇六～〇八年

2006年８月15日、小泉首相（当時）が参拝した靖国神社には、大勢の若者たちが押し寄せた。(写真：アフロ)

自分がそのただ中にいると、思いのほか、社会の変化に気づきにくいものだ。見慣れた風景が、時間をかけて細部から少しずつ姿を変えていくとき、ずっと以前からそうであったかのように人は思い込む。

以前、脳トレ系のテレビ番組で流行した、「画像の変化」を見つけるクイズに似ている。室内や野外を写した画像の一部がゆっくりと消えていったり、形を変えたりするのだが、漫然と眺めているとほとんど気づかない。あの不思議な感覚に近い。

のちに触れるが、トランプが大統領選で当選した二〇一六年のアメリカでも、地滑りのような大きな社会変化が起きていたにもかかわらず、多くの米国人は気づかなかった。

十数年前に日本社会で起きたこともまた、そうだったのだろう。目の前で、大きな変化が起きていたというのに、私にはそれが見えていなかった。いや、目をそらして見ようとしていなかったのかもしれない。

「数年前から、薄々気づいてはいたのです。日本社会に、大きな変化が生じていることに」

これは、二〇〇七年出版の書籍『ロストジェネレーション——さまよう2000万人』（朝日新聞「ロストジェネレーション」取材班、朝日新聞社）に書いた「おわりに」の書き出しである。その年の一月に朝日新聞で掲載した同名の大型連載企画を加筆し、まとめたものだ。私は、この取材班のキャップだった。

あとがきは、こう続く。

「身の回りの品すべてが入っているかのような大きなバッグを抱えた若者を、街で見かけることが増えました。漫画喫茶、ネット喫茶と言われる店舗が雨後のタケノコのようにオープンし始めたのは、何年前からだったでしょう。人材サービス会社のテレビCMが目立つようになると同時に、『下流』『格差』といった言葉が流行語となりました。／ですが、これらの現象がすべて一つにつながることがわかったのは、ごく最近のことでした」

「ロストジェネレーション」とは、二〇〇七年当時におおよそ二五歳から三五歳だった世代を指すために取材班が考案した言葉だ。「失われた一〇年」と言われる就職氷河期に世に出た人々であり、日本の人口動態で大きな山となっている団塊世代の子どもたち、「団塊ジュニア」が含まれている。

元はといえば、第一次世界大戦後に青年期を迎え、既成の価値観を否定したアメリカの若手作家たち、ヘミングウェーやフィッツジェラルドらを指す文学用語なのだが、今や、日本でロストジェネレーションといえば、この世代を示す言葉となった。

企画を立ち上げる際、このネーミングについて取材班で長時間、議論をしたことを覚えている。「ロスト」＝「失われた」世代と定義づけてしまっていいのか、ネガティブなイメージが定着してしまうことにならないか、という懸念からだ。

それでも、この世代の不遇を事実のまま覆い隠すことなく伝えるべきだと考え、この名で通すことに決めた。その後、「ロスジェネ」という名の雑誌がこの世代の論者たちによって発刊され、「ロスジェネ論壇」という言葉も生まれた。世の中の現象に名前を付けることで、見えないものが可視化される、それは報道の役割の一つだと思う。

最近、ＮＨＫが「クローズアップ現代＋」で「アラフォー・クライシス」という特集をし、「時代の谷間に落ち込み、その後も不遇に苦しんできた」世代と紹介して改めて話題となった。ロスジェネの特集から約一〇年が経ち、この世代も四〇歳前後になったのだ。

このように今では、就職難の時期に社会に出た若者たちが逆境に苛《さいな》まれているという事実は、ロスジェネや氷河期世代という言葉とともに広く知られている。身分制度とすら形容される正社員と非正規雇用労働者との所得格差についても、日本社会が抱える病理の一つとして、多くの人が認識している。

だが、この国が曲がり角でハンドルを切っていた当時は、決してそうではなかった。それがあまりに公然と、誰もが見ている目の前で進行していたからこそ、私たちはなかなか気づくことができなかった。

日本において、グローバル資本主義の荒波を正面から受けた世代、それがロスジェネだった。日本社会が姿を変えようとしているときに、「炭鉱のカナリア」のように真っ先にスケープゴートとされた人々である。

このときの私の取材経験が、本書の問題意識の核にある。

三十数回の引っ越し

この頃、取材で会った一人の青年のことを記したい。

当時、二六歳だった男性と会ったのは、新宿区の早稲田大学近くにあるイベントスペースだった。「格差について考える」という触れ込みの小さな集会で、集まったのは一〇人ほど。年越し派遣村で有名になる前の湯浅誠（現法政大学教授）もいた。

この集まりで男性は、派遣社員として全国の工場を転々としていると話した。彼は当時、人材派遣企業からあてがわれたという東京近郊の二階建てプレハブアパートに住んでいた。働いている工場がすぐ近くにあり、同じように派遣されている同僚の男性と2DKをルームシェアしているという。

後日、そのアパートを訪ねると、彼は物音を立てないように、こっそりと私を部屋に招き入れた。同居人とはうまくいっていないようで、ほぼ言葉を交わさないという。部屋にはDVDディスクやビデオテープが山のように積まれ、テレビモニター、AV機器とともに六畳間の大半を占めている。

壁には、アパートと工場がある地域の市街地図が貼られていた。ふと見ると、部屋の片隅に、同様の地図がぎっしりと詰まった紙袋があった。

「あ、これは全部、今まで働いた工場近くの地域の地図なんです」

今まで、三〇カ所を超える工場で働いたことがある、とささやき声で彼は打ち明けた。トヨタ、三菱、キヤノン、YKK、いすゞ……。日本を代表するメーカーの、それも全国各地の工場を転々としており、一八歳からの八年間で三十数回の引っ越しをしたという。登録していた人材派遣会社の指示で、長くて数カ月、短いときは一週間足らずで、「異動」させられていた。

その指示を拒否することはできない。従わなければ、仕事と収入を失うだけではなく、住む場所すら失うから。

最初に勤めたのは、富山湾を望む場所にある工場で、機械から出てくるファスナーの開閉を点検した。鳥取県のカーナビ工場では液晶盤に膜を貼り付ける作業をし、愛知県の自動車関連工場ではデフ（駆動輪の差動装置）を車体に取り付けた。

どこの工場にも、自分のように非正規雇用で働く工員たちが大勢いた。ある自動車メーカーの工場に勤務したときには、派遣社員ばかりが住んでいるアパートが、郊外の田園地帯に何棟も並んでいた。

作業に慣れた頃に工場を変わるから、スキルはほとんど身につかない。勤務先の工場が変わると、家財道具を抱えて引っ越しをする。といっても、ビデオデッキ四台、DVDレコーダー一台、衛星チューナーが二台、あとはパソコン、テレビぐらいなのだが。

工場での単純労働を終え、疲れた体を癒やしてくれるのは、これらの機器で録画したアニメなのだという。熱中しているというアニメの題名や内容について熱心に話してくれたが、私にはまったく馴染《なじ》みのないものばかりだった。

「派遣社員のおかげ」

次々と勤め先の工場が変わる理由は何なのか。派遣会社の担当者が彼に告げる理由は、「作業ミスの多さ」「職場の人間関係の悪化」「工場の減産」のいずれかだった。てきぱきと作業がこなせるようには見えなかったし、人付き合いも苦手のようで、一カ所で長く勤めることができないタイプだったのかもしれない。しかし、それにしても配置替えが頻繁過ぎる。とどのつまり、各工場で生産の増減による労働者需給の調節弁として扱われていたであろうことは、容易に想像がつく。

二〇〇〇年代に入り、中国を筆頭とする新興国が国際競争力をつけ、先進国の製造業を激しく追い上げていた。その原動力である労働コストの安さ、つまり低賃金労働力に対抗するために、日本でも多くの企業が人件費抑制に走った。当時、キヤノンの会長だった御手洗《みたらい》冨士夫は、二〇〇六年の第二二回経済財政諮問会議で、派遣社員と請負社員のおかげで、「日本の産業の空洞化がかなりとめられている」と発言している。これは、企業の本音を表した、極めて正直な物言いだろう。

さきほども触れたように、一九九四年頃からの一〇年間に、日本企業は新卒採用を一斉に手控えた。諸外国に比べて正社員の解雇が労働慣行上難しい日本は、そのしわ寄せを、就職期を迎えた若い世代に振り向けた。小泉政権の構造改革と規制緩和のかけ声の下、派遣、契約、パートといった非正規雇用を大幅に増やし、それは今に続いている。

非正規の低賃金労働者たちはいったい、誰と競っているのか。この青年の経験が、それを教えてくれる。

ある工場で勤務していた際、休み時間に休憩室に行くと、日本語に加えて、中国語、英語、スペイン語が話されており、会話がまるで理解できなかったという。同じ職場で働いていたのは外国人労働者ばかりだったのだ。「自分もまるで、海外から来た出稼ぎ労働者のような気分になった」と彼はもらした。

その実感の通り、非正規労働を余儀なくされた日本の若者たちは事実上、低賃金の外国人労働者と同じ扱いをされていた。アメリカでは中南米やアジアからの移民、ドイツではトルコや中東からの移民が低賃金労働市場を支えているが、外国人単純労働力の流入を厳しく規制してきた日本では、自国出身の若者たちがその役目を担うことになった。ロスジェネ非正規労働者はまるで「移民」のような存在として扱われ、新興国の低賃金労働者をライバルにして働かされていたのだ。

今、世界で起きていることを、日本で先取りしたように体現した人々、それがロスジェネだった。

小泉改革の陰で

ロストジェネレーションが生まれたのは、日本社会が大きくその姿を変えた時代だった。一言でいえば、それは「国民総中流」から「格差社会」への変化であり、ロスジェネだけでなく、日本人すべてがそれに巻き込まれた。

バブル崩壊後の「失われた一〇年」を経て、当時の小泉政権は「聖域なき構造改革」をスローガンに、いわゆる小泉改革を断行する。二〇〇一年四月に首相に就任した小泉純一郎は、五年五カ月の在任中、銀行の不良債権処理、郵政・道路公団民営化、労働市場の規制緩和、国と地方の三位一体改革などを推進した。この改革路線は、アメリカのレーガン政権、英国のサッチャー政権の後追いとも言え、国家の介入をできるだけ少なくする「小さな政府」や、市場原理の有効性を唱えて民間部門を重視する新自由主義（ネオリベラリズム）改革の流れを汲《く》んでいた。

公平に見れば、改革は一定の成果を出したと言える。バブル崩壊後、日本経済の成長を妨げる「パンドラの箱」と言われていた不良債権問題では、大手銀行の検査を強化して膿《うみ》を出し、公的資金を活用して金融再生を果たした。小泉政権下で、実質経済成長率は年二%程度まで回復を果たし、就任時に一万三千円台だった平均株価は、二〇〇六年の退任時に一万六千円台に戻している。

一方で、「痛みなくして成長なし」という決まり文句が表しているように、この改革には日本の中間層にマイナスの影響を与える政策変更、つまり「現実の痛み」がいくつも含まれていた。

その一つが、「地方の疲弊」である。

小さな政府と財政再建の旗の下、公共事業費は二〇〇一年度から〇六年度までに約三割減らされた。これにより、道路工事や箱モノ建設などの公共事業を糧としていた地方の土木建設業者の多くが経営不振に陥ることになる。

政治家の差配によって地方に公共事業を配分する自民党・旧田中派流の土建政治は、利権と集票目当てのバラマキ政策だとして批判も強かったが、実のところ、大都市偏重、東京一極集中の成長政策から取り残された地方に対する「再分配」としての役割も担っていた。これを小泉は、「自民党をぶっ壊す」というかけ声とともに大幅に削り、地方経済の疲弊と都市部への人口流出に拍車をかけた。

そしてもう一つが、失業と非正規社員に象徴される「不安定雇用化」だ。

さきほども触れたように、労働市場の規制緩和が進められ、専門職に限られていた派遣労働の対象業種が広げられた。小泉政権下の二〇〇四年には製造業への労働者派遣が解禁され、ロスジェネたちの多くが、将来の生活設計ができない不安定雇用へと吸い込まれていった。

同時に、金融再編と銀行の不良債権処理を推進する過程で、ダイエーなどに代表される業績不振企業のリストラが進められ、少なからぬ正社員が解雇された。雇用・設備・負債の「三つの過剰」に悩んでいた企業の多くは、成果主義を導入し、年功序列の賃金体系から脱し始める。この時期、非正規雇用の増加と相まって、平均賃金は減少の一途をたどった。二〇〇五年の三〇歳から三四歳の男性の平均年収は、その一〇年前と比べて九万円下がり、二八七万円となっている。

ロスジェネの取材を通じて耳にしたのは、「自分たちの世代で社会のルールが変わった」という声だった。ある人はこうたとえた。「上の世代は野球をやっていたのに、自分たちは突然、『手を使っちゃいけません』と言われてサッカーをさせられているようなものだ」

正社員としての終身雇用、年功序列の賃金体系、会社別労働組合と労使協調主義といった「日本型企業主義」は、この頃から、急速に持続可能性を失っていく。ロスジェネたちは、上の世代が「会社丸抱えの人生」を送っていたのに、突然ルールの変更を告げられたのだ。君たちは、不安定雇用という新しいルールで働きなさい、と。

グローバル資本主義と自己責任

日本社会が大きくその姿を変えたのは、日本固有の問題が原因のように感じられるかもしれない。だが、この地盤変化をもたらした要因をたどると、先進各国が共通に抱えている根に行き当たる。

日本企業が長期停滞している要因を一言で言えば、「国際競争力の低下」である。中国などの新興国が価格競争力を得て、国際的な人件費の押し下げ圧力が増しているのに、雇用の流動性に欠け、労働生産性も低い従来の日本型経営では対応が難しい。同時に、世界中で新しいブームと需要を生み出すような革新的な商品を開発する創造性においても、日本はこの時期から大きく遅れを取り始めた。

レーガノミックス、サッチャリズムという米英の新自由主義経済政策をお手本とした小泉改革は、国境を越えて資本やモノが自由に移動するグローバル市場に、日本の経済・国家システムを適応させようとした試みだった。それを見事、成し遂げたとは言い難いが、それまでの日本社会を「ぶっ壊す」ことには相当程度、成功した。

諸外国と比べて相対的に「平等社会」だった日本に格差と競争をもたらしたのは、突き詰めれば、グローバル資本主義という黒船だった。小泉構造改革を経て、昭和を象徴するような国民横並びの時代は終わりを告げる。一九九〇年代から二〇〇〇年代前半、つまり平成前期は、世界規模の競争社会に個人が生身で投げ込まれる社会へ日本が変化した時代として、後世に記憶されるだろう。

競争の結果がどうなろうと、その責任はひとりひとりが背負わなければならない。そんな当時の社会の空気を表した言葉が、「自己責任」だった。

小泉政権時代ただ中の二〇〇四年四月、ボランティアや取材を目的にしてイラク入りしていた高遠菜穂子、郡山《こおりやま》総一郎、今井紀明《のりあき》の三人が、同国中部ファルージャ近郊で武装勢力に拘束された。九日後に無事帰還した三人を待っていたのは、自己責任という言葉による激しいバッシングだった。

外務省の勧告を無視して危険なイラクに渡航し、武装勢力に誘拐されて日本に迷惑をかけたのだから、政府は自衛隊を撤退する必要はないし、税金を使って助ける必要もない……。そんな論理が社会に渦巻き、メディアの一部もそれに乗って三人のプライバシーまで暴き立てた。

当時、高校卒業直後の一八歳だった今井紀明の自宅には、全国から一〇〇通以上の手紙やファクスが届いたという。批判や中傷、罵詈雑言《ばりぞうごん》のたぐいが多く、現在のヘイトスピーチを先取りしたような内容だった。猛烈なバッシングを生身に受けた今井は、当時の記憶が途切れがちで、詳細を思い出せないこともある。

なぜ、自分を攻撃してくるのか。それを知りたくて、今井は住所と名前が明記してあった何通かに返事を書いたことがあるという。そのうちの一人は、障害があり、貯蓄ゼロで一人暮らしをしている高齢の女性だった。

〈危険を承知でイラクへ行ったのなら、国を責めるのはおかどちがいです。自分が悪い〉

〈どれだけ迷惑をかけているのか。分かりますか?　バカヤロウ〉

「僕に手紙を送ってきた人たちは、孤独だったのだろうと思う。他人を見下さないと自分を保てなかったのかもしれない」。現在、定時制や通信制の高校生を支えるＮＰＯ活動をしている今井は、そう話す。

靖国《やすくに》神社でのオフ会

「自己責任」のかけ声に加えて、小泉政権当時の社会現象で記憶に残るのは、首相による靖国神社参拝と、それに足並みを合わせるように浮上した「若者の右傾化」である。

首相に就任した二〇〇一年から毎年一回のペースで計六回、小泉は靖国神社を参拝した。特に退陣した〇六年には、一九八五年の中曽根康弘元首相以来二一年ぶりとなる現職首相による終戦記念日の参拝を断行した。

「中日関係の政治的基礎を破壊する行動」「国際正義に挑戦し、人類の良識を踏みにじった」（中国外務省）。「八月一五日にかつての日本の軍国主義と侵略の歴史を美化・正当化する靖国神社に再び参拝したことに深い失望と憤怒を表明する」（韓国外交通商省）。中韓両国は激烈な抗議声明を発したが、小泉本人はこう語った。

「八月一五日を避けても、いつも批判、反発、そして何とかこの問題を取り上げようとする勢力、変わらないですね。いつ行っても同じですね。ならば、今日は適切な日ではないかなと」

この日、小泉が足を運んだ靖国神社を私は取材で訪れた。砂利が敷き詰められた境内は若者たちであふれていた。首相本人が本殿に姿を現すと、参拝客は一斉に携帯電話を高く掲げ、シャッター音を響かせた。茶髪をキャップに収め、Tシャツとジーンズを着た人たちの群は、終戦記念日の靖国神社には何とも不似合いに見えた。

この日の参拝者は二五万人を超え、靖国神社の賛助団体の調べでは、三〇代以下の若者が三人に一人を占めた。

午前一一時過ぎ、参道の中ほどにある大村益次郎像の前に、人だかりができた。集まる若者たちのほとんどは初対面らしく、ぎこちなく自己紹介をしている。

実は前日未明から、掲示板サイト「2ちゃんねる」に、オフ会として集合時間と場所が書き込まれていた。

〈参加者の史観、思想信条は問いません〉〈国を思い、先祖を思う。正しい方法で粛々と靖国参拝する〉

この日、靖国神社の境内で待ち合わせた別の若者グループにも話を聞いた。こちらはネットを通じたその場限りの集まりではなく、毎週末にカフェでミーティングをして「愛国」について語り合っているという。

なぜ、国家にこだわるのかと問うと、二〇代の学生や会社員らは口々に話し始めた。

「人間は一人だけで生きてはいけないから、国は必要。日本に生まれた以上、日本に尽くすのは当然です」

「国は家族と同じ。父親である国が病気で弱っているから、私たち二〇代は愛国心を呼び起こされているのでは」

「自分たちイコール国だから。あえて説明するほどのことではないでしょう」

学校や職場ではこんな話はできないが、このグループには「言論の自由」があると代表者の一人は話した。集まるきっかけはネットだったが、今は直接会って話すことの方が多いのだという。

「ネットにハマる人たちは、仲間が欲しいからだと思う。僕らのように仲間がいる場合は、もうネットは必要ないんです」と言ったのは、二二歳の男子大学生だった。終戦記念日の翌日には、グループの仲間たちで待ち合わせ、明治神宮外苑《がいえん》の花火大会に出かける予定なのだと無邪気に語った。

いわゆる「若者の右傾化」の兆候が見られ始めたのは、一九九〇年代からと言っていいいだろう。小林よしのりの『新ゴーマニズム宣言SPECIAL　戦争論』（幻冬舎）の第一巻が出版されたのは一九九八年である。インターネットがまだ広く一般には普及していなかった頃、若年世代に親和性のある漫画というメディアで、第二次世界大戦における日本の立場を正面から肯定した同著は、多くの若い読者を獲得し、累計部数九〇万部を超すベストセラーとなった。

前後して、「新しい歴史教科書をつくる会」が一九九七年に結成され、今までの歴史教育を「自虐史観」として批判する活動を始めた。少なからぬ自民党の国会議員が会員で、森友学園の元理事長、籠池泰典《かごいけやすのり》らも所属していたことで知られる保守系市民団体「日本会議」もやはり同年に設立されている。「戦前の日本の名誉回復」を目指す保守運動がこの頃、じりじりと地表に姿を現し始めた。

このような歴史修正主義の台頭を経て、二〇〇〇年代に入ると、韓国や中国に対する排外主義的な情念の萌芽《ほうが》が観察されるようになった。詳細な経緯は省くが、現在のネット右翼的な心情が生まれたきっかけとして、二〇〇二年の日韓ワールドカップの応援における感情のしこりを挙げる人は多い。〇五年には、差別的な描写が随所に見られる山野車輪の

『マンガ 嫌韓流』（晋遊舎）もベストセラーとなり、現在のヘイトスピーチにつながる流れが生まれた。

このあたりから、伏流水のように流れていた若者の「愛国」意識が地上に姿を現すようになり、一部はまるで鉄砲水のように排外的、差別的な言動となって日本社会に氾濫していく。

不安のナショナリズム

グローバル化の負の重荷を最も多く背負わされた若い世代が姿を現すと同時に、愛国の叫び声が聞こえ始めた。歩を合わせるかのように、首相自らが終戦記念日に靖国神社に参拝する。小泉純一郎を日本におけるポピュリストの一例として挙げる人は多いが、当時、姿を現し始めた復古的ナショナリズムの空気を巧みに身にまとい、その俗情に寄り添ったという意味でも、それは当を得ている。

こうして考えると、現在、各国に蔓延《まんえん》している症状のいくつかは、この頃すでに日本において姿を見せていたことに気づく。この国でもはっきりと見えていたのだ、ちょうど一

○年後に世界各国で全面的に開花する「自国ファースト」とポピュリズム政治のうごめきが。

当時、何人かの論者に、若者の右傾化についてどう考えるか、話を聞いている。

反貧困、格差解消運動のシンボル的存在であり、ロスジェネと同世代でもある雨宮処凛《かりん》は、自ら右翼系のバンドで活動をしていた過去を元に、偏狭なナショナリズムに傾く心理を語った。アトピー性皮膚炎でひどいいじめを受け、自分は誰にも必要とされていないと感じていた。そんな一〇代の雨宮を救ったのは、「愛国」だったという。

「愛国系の若者たちには、まじめで社会に何らかの違和感を持っている人が多いと思う。自分も右翼バンドで右派的な言葉を叫んでいた頃は、家族や学校から排除された自分が、日本という共同体に直接つながった気がした。切実に帰属感を求めている若者は、私がはまった一〇年前よりも増えており、ネットを通じて発散しようとしている」

また、当時、東大大学院に在籍していた、やはり同世代の現関西学院大准教授、高原基彰は、「愛国心の是非を論じるより、雇用不安や若年失業対策を優先すべきだ」とロストジェネレーション問題に引きつけて解説した。

「大した競争もなく高収入を得ている層と、過酷な競争社会を生きる層との分化が進んでいる。後者の抱える先行き不透明感は、確かにナショナリズムと同調しやすいが、それよりも問題なのは、若年層の不安感が中韓や既存メディアなどの見えやすい敵を探していることだろう。本当の問題と関係のないところでうさ晴らしをしている」

また、年長世代に属する著名政治学者の姜尚中《カンサンジュン》はこう読み解いた。

「冷戦崩壊後、東アジアで情報化や都市化が進み、家族や地域、職域など人と人を結びつける集団が解体され、個人が『原子化』している。加えてグローバル化と新自由主義による格差の拡大がある。流動化に戸惑い、不安を抱える若年層を、ナショナリズムはとらえやすい。一定の知的能力を持った層にも非正規雇用、ワーキングプア層が増え、未来を閉ざされた世代が生まれている。誰かが自分たちを代表しているという実感を持てない層が共鳴板を求めている」

キーワードは、「格差拡大」「排除」「流動化」である。そして、「自分は誰にも代表されていない」という感覚を抱く人々が、この時期、社会に急増した。新興国との人件費切り下げ競争を主因の一つとした格差社会化により、居場所とともに自己肯定感も失いかけた人々が、国家へと一足飛びに自らを重ね合わせる。加えて、時の政治的リーダーが、その「愛国」感情を煽《あお》って自らの支持基盤を固める行動に出る。

現在、自分を国家と同一視する若者たちは少数派とは言えなくなっている。右傾化はさらに進み、ネット右翼は日本社会に一定の地歩を築いたといってもいい。まだ絶対数は少ないとはいえ、反韓、反中、反在日外国人のヘイトスピーチを垂れ流す集団が現実の社会に現れている。

そして、アメリカやヨーロッパでも、移民や他人種を排除し、自国が一番だと叫ぶ、クローンのように似通った人々が姿を見せている。

逆に振れる振り子

歴史は、国ごと、地域ごとに行きつ戻りつしながら進んでいくものなのだろう。日本で小泉純一郎から安倍晋三へと政権禅譲が進んだ二〇〇六年から〇八年にかけて、アメリカでは逆に右から左へと大きく振り子が振れた。

米民主党の予備選では、元大統領夫人であるヒラリー・クリントンとの戦いを制して、上院議員バラク・オバマが指名候補の座を獲得した。さらに勢いをつけ、白人男性の共和党候補ジョン・マケイン上院議員を本選で破ってアメリカ史上初の黒人（アフリカ系）大統領に選ばれた。

序章でも記したように、オバマ大統領の誕生は多くの国民の熱狂をもって迎えられた。リンカーン大統領が一八六三年に解放宣言をするまで黒人奴隷が合法的に認められ、その後も半世紀前まで人種分離政策が公然と続いていた国で、初の黒人大統領が生まれたのである。この事実は、多様性を重んじ、人種間の平等を追求してきたリベラル陣営の勝利を示すものだと米国内外で受け止められた。

オバマが体現したものは、人種的多様性だけではない。国内では国民皆保険を目指すオバマケアや同性婚支持などのリベラル政策を採用したが、外交でも進歩的、理想的な国際協調主義を軸に臨んだ。

二〇〇九年にプラハで「核兵器を使用したことがある唯一の核保有国」として核のない世界の平和と安全を追求する決意を表明し、一六年には現職のアメリカ大統領として初めて広島を訪問した。地球温暖化対策の世界的枠組みに積極的に参加し、キューバやイラン、ミャンマーなどと歴史的な関係改善に取り組んだ。現在、アメリカを筆頭に蔓延する偏狭な「自国中心主義」とは一八〇度異なる、理想主義と多国間協調の希望を世界にもたらした。

だが今振り返ってみると、このオバマ時代も、現在のポピュリズム政治を生み出した格差と民意の揺らぎという土壌とは、無縁ではなかったことが分かる。

オバマ大統領就任直前に発生した金融危機、いわゆるリーマンショックは、米社会における激烈な貧富の差をさらに押し広げた。不況から回復する途上で、ごく一部の富めるものはさらに裕福になり、それ以外の大多数は現状維持か、さらに所得を減らすことになった。オバマ大統領の二期目への改選期となった二〇一二年、アメリカの上位一〇%の世帯の所得は、全世帯の総所得の約五割を占めた。これは、一九一七年以降で最大の割合である。さらに、上位一%が総世帯所得に占める割合は一九・三%で、一九一三年以降、過去最大となった。

そして、後述するように、ポピュリスト政治家に引き寄せられるアメリカ国民の政治意識の変調もまた、この時期に頭をもたげ始める。さらにオバマ大統領の誕生そのものが、逆説的に、その後の米社会の反発、反動を生み出すことになるのである。

オバマニア

オバマとポピュリズムをつなげる地下茎の一つが、選挙戦において支持を集める彼のスタイルだ。

二〇〇八年の大統領選では何度も、オバマ本人の演説を生で聞く取材をした。「チェンジ」「イエス　ウィー　キャン」の決まり文句は日本でも有名になったが、これを何度も繰り返す、そのリズムが耳に心地いい。

あの演説スタイルを偏愛する人たちも現れ、オバマニアと呼ばれた。当時、オバマの演説にすっかり惚《ほ》れ込み、遊説を追って全米各地を回っていた四〇代の女性に話を聞いたことがある。最初にオバマの肉声を聞いたとき、涙が止まらず、選挙戦を通じて一八回、生で演説を聞いたという。

「今までは政治ニュースすら見たことがなかったのに。こんなに演説がうまい人は人生で初めて」

実は、これらのオバマの演説スタイルは、現代の典型的なポピュリズム政治家と同じ特徴を持っている。

北海道大学教授の吉田徹は、著書の『ポピュリズムを考える――民主主義への再入門』（NHKブックス、二〇一一年）で、二〇〇〇年代におけるポピュリスト政治家の代表格だったベルルスコーニ・イタリア元首相やサルコジ・フランス元大統領らを例に引き、メディアを通じて「国民に直接『訴えかける』」政治手法こそが、彼らに共通する特徴であると指摘している。この「ストーリー・テリング」と呼ばれるテクニックは、「国民に対して特定の物語を提示することで、政治の『価値』を高めるような手法」だという。

希望や可能性、アメリカの統合といった誰にも否定できない「夢」と「物語」を国民に示し、感情の共同体を生み出す。それが、オバマブームの一側面だった。さらに、彼の演説を注意深く聞くと、言質となりそうな具体的な約束、公約はできる限り避けていたことに気づく。アメリカ社会で世論が二分されるようなテーマについても明言を避け、「リベラルでも保守でもない、一つのアメリカ」という、多様な国民を包摂するイメージを前面に押し出していた。

このことで、「統合を目指す者」と「分断を広げる者」という、政敵との明確な相違を作り出すことに成功する。具体的な政策を語り、政治的立ち位置をはっきりとさせるヒラリー・クリントンやジョン・マケインらライバル候補は「対立を煽り、アメリカを分裂させる」一方で、自分は「この国を一つにまとめようとしている」というわけである。

政治的な立ち位置や政策は正反対のように見えるが、オバマの政治手法は、当時ポピュリズム政治家と目されていた各国の指導者たちと重なり合っていたと言えなくもない。そして、この技法は、メディアとネットを巻き込んでさらに威力を増し、トランプの選挙戦術にも流れ込んでいった。

鉄の街

オバマが選挙戦で「統合」と「一つのアメリカ」を強調したのは、逆説的に、この頃からアメリカという国が「分断」の淵をのぞき込んでいたからだ。

民主党と共和党、つまりリベラルと保守の対立は激化し、人種間の亀裂が埋まることはなく、経済的格差も広がり続ける。一〇年後にトランプ躍進の原動力となる国民の分断は、

鉄の街、ピッツバーグで会社に抗議する労働組合員ら。オバマ政権時代にも、貧困に落ち込みそうになる白人労働者たちがいた。

皮肉なことにオバマ時代に修復不能なほど激化した。

二〇〇八年のオバマ初当選の選挙戦中にも、一〇年後を占うような風景があちこちで広がっていたことを思い出す。

昔から製鉄業が盛んで、鉄の街と呼ばれるピッツバーグの郊外を訪ねると、手作りのみすぼらしいテントが立っていた。製鋼所の門の前で、労働組合員らが二四時間態勢で立ち番を続けている。健康保険と年金の掛け金をすべて自己負担にするという会社の方針に抗議するためだという。

「いくら働いても、利益は全部、株主に

いく」「五年後にミドルクラス（中流層）は絶滅するよ」。ほとんどが白人男性の組合員たちは、ため息をついていた。

組合幹部のジェリー・モートンさん（五五）は、こう語った。

「この六年間で、時給はわずか四〇セント上がっただけだ。これでは労働者は何も買えない」

鉄鋼城下町ピッツバーグの郊外は、輸入増や工場の海外移転の影響をもろに受け、当時、全米経済を揺さぶっていた低所得層向けローンの破綻問題、いわゆるサブプライム危機による景気の落ち込みが追い打ちをかけていた。

一戸建ての家と悠々自適の老後。そんな人生の目標が、中流の白人にとって過去のものになりつつある、とモートンさんは話した。

「たまの野球観戦や海水浴も我慢している。徐々に貧困レベルに落ちていくように感じる」

バージニア大学政治センターのラリー・サバト所長は当時、こう語っていた。

「白人男性層は長い間、無視されてきた。今回の投票行動はまだ定かではないが、現状に批判的であるのは確かだ」

ワイン派とビール派

この街で、白人の没落を象徴するような人物と出会った。高速道路に入る直前、中央分離帯に普通の身なりの白人男性が立っていた。手に花を持って。

路上で花を売っているのは子どもか女性、しかも有色人種と相場が決まっている。

「景気はどう?」

気になって声をかけてみると、地元フットボールチームの帽子をかぶった四一歳の男性は、やれやれ、という表情をした。仕入れ代を引くと、稼ぎは一日五〇ドルほど。土日も休まず、この仕事で子ども三人を養っているという。

「雨の日は好きなんだ。気の毒に思ってくれて売り上げが伸びるんだよ」

当時も今も、アメリカにおける選挙戦での頻出単語の一つが、「ミドルクラス」だ。つまり、日本語でいう「中流」または「中間層」の一部が経済的な困窮に陥っている現状をどう立て直すか。それが国政における最大の課題とされているのは、ミドルクラスが国民の過半数を占める大票田だからだ。

このミドルクラスをめぐって、オバマとヒラリー・クリントンが予備選で火花を散らしていた頃、支持者のタイプの違いについては、こうたとえられていた。オバマはワイン派、ヒラリーはビール派だと。

民主党支持層は、ワインを好むような知識階級や都市住民らと、ビールをこよなく愛する地方在住の労働者層に大きく二分される。リベラル思想を持つインテリはオバマを支持し、一方で労働組合員の工場労働者は、夫クリントン元大統領を支持していた頃からの流れで、党本流のヒラリーを支持する、というわけだ。

そのビール派が、じわじわと中流から落ち込んでいく。米国社会でも、すでにその兆候が一〇年以上前からあった。そして、二〇一六年大統領選では、このビール派の多くが、トランプに惹《ひ》かれていくのだが、その様子は次章に譲る。

自分たちの代弁者はいったい誰なのか。白人有権者層が抱えるその迷いが、一〇年後に大きく破裂するとは当時、まだ誰も想像していなかった。

「白人こそが差別されている」

中間層の没落とともに、もう一つ、オバマ初当選の前から米国社会の底流に潜んでいたうごめきがある。人種間の背離である。

中流の白人男性にとって、人生の楽しみの一つがスポーツ観戦だ。夕刻、ピッツバーグの野球場、ＰＮＣパークに向かって、大勢の白人男性たちが歩いていた。地元チーム、パイレーツの試合がもうすぐ始まる。

「民主党はヒラリーもオバマもリベラル過ぎる。投票できる人物がいない」。観戦に来た三〇代のトラック運転手に声をかけると、そう不満をぶちまけた。

「俺たち白人は、税金をたくさんしぼり取られた上、差別主義者だと非難される。それなのに、決して文句は言えない立場なんだ」

「民主党は黒人やヒスパニックといった少数派や、女性の方ばかりを向いている。そんな不満を抱く白人男性は少なくない」と政治評論家のデビッド・クーンは当時、そう語っていた。「民主党が福祉や差別撤廃措置で少数派重視に傾き始めた頃から、この党は自分たちを代表していないと白人男性らは感じ始めた」

白人の権利擁護を訴え、入学や就職で黒人などを優遇する措置(アファーマティブ・アクション)に強く反対している「保守市民協議会」の会員が、オバマ立候補以降、急増していた。二八州に支部があり、会員数は公表されていないが、週に一〇〇人近くから問い合わせがある、と代表のゴードン・リー・バウムは語った。

「私たちはただ、白人として誇りを持ち、権利を守りたいだけだ。白人ばかりが人種差別主義者だと非難されるが、白人の労働者階級こそ差別されているんだ」

このように白人至上主義者たちの不気味な胎動もまた、この頃から見え隠れしていた。当時、オバマが大統領になったら、過激な人種差別主義者に暗殺されるのではないかと恐れる黒人有権者は少なからずいた。差別を肌で知る黒人たちは、この国の人種偏見と白人優位主義の闇の深さを知っているのだ。

政権交代と反動

そして日本でも、歴史は行きつ戻りつしながら進む。オバマ政権が発足したのと同じ二〇〇九年、政官業の癒着の打破など、自民党政権の負の部分に切り込む中道左派的な政策を挙げた民主党が衆議院で多数を占め、日本でも本格的な政権交代が実現することになる。

アメリカでのオバマ大統領の誕生と、日本における民主党による政権交代。この両者を同種の政治現象だとして論じるのが牽強付会《けんきょうふかい》に過ぎることは承知している。内政と外交に多くのレジェンドを残したオバマに対して、我が国の民主党は逆にいくつもの誤算と見当違いを繰り返し、未熟さをさらけ出した。かけ声倒れの政治主導、反故《ほご》にされたマニフェスト、政治不信の亢進《こうしん》といった負の遺産を残した上、さらには今後の日本における政権交代の可能性すら大きく毀損した。

それでも、オバマと日本の民主党の双方が政権から降りた今、いくつかの共通点をそこに見出《みいだ》すことは可能である。その登場において、どちらにも清新な期待感があった。前政権のふがいなさに有権者が倦《う》み、新しい顔の登場に望みをかけた。さきに指摘したように、希望や可能性といった「夢」を国民に直接訴えかけて支持を集めた点においても変わらなかった。

そして最大の共通点は、どちらも退場後に大きなバックラッシュ、反動をもたらしたことだ。それは、アメリカで「大統領トランプ」を誕生させ、日本で「安倍一強政治」を生むことになる。

【漂流する民主主義に寄せて　インタビュー①】

吉田　徹（北海道大学教授）

二〇一六年五月

――今、世界各国で起きていることをどう読み解きますか。

大きな歴史の流れの中に置けば、二〇世紀の後半に先進各国で中間層が主流になったこと自体が、例外かつ偶然の産物だったといえます。それは二回の世界大戦で総動員体制が実現したことにより、国家の市場への介入が当たり前になったから。さらに、冷戦下での東側との体制間競争を背景に、各国が野放図な資本主義を抑制してケインジアン型福祉国家を志向したことにより、分厚い中間層が生まれて民主主義が安定しました。ただ、その構図は一九七〇年代に先進国が石油危機と個人化に見舞われたことで、変調を来《きた》します。政治不信が高まり、政治と社会とを結ぶギアが外れ、ボタンの掛け違いが始まる。この状況下で生まれたのがネオリベラリズム、新自由主義です。冷戦が終結すると、欧米では保守、リベラル・社民主義ともに、経済的には「市場原理主義」、文化的には「個人の自己決定権の尊重」という軸に収斂《しゅうれん》していく。こうして、経済的・社会的にグローバリズムの敗者となる層が不可避的に生まれ、政治不信を土壌としたポピュリストが台頭します。

――政治と経済の変化に加えて、有権者の側も変わったのでしょうか。

人々を包摂してきたもの、簡単にいえば個々人を共同体に結びつけていた地縁、血縁、宗教や会社、あるいは政党といった組織集団が細分化し、個人化が進みました。現在ではそれがネットにより促進され、個人の嗜好を肯定してくれるものが再現なく見出される極分化が進みます。ＩＳ（イスラム国）も同様ですが、そうなるとより刺激の強いラディカルなものが訴求力を持ち、誰しもが「誰にも代表されていない」と疎外感を持つようになります。当たり前のものとされてきたリベラルデモクラシー、代表制民主主義の正統性が揺らぎ始めた背景には、そんな社会の変容があります。

――当然視されてきた国民国家もまた、揺らいでいます。

冷戦構造の終焉《しゅうえん》とグローバル化の深化で、国家が解決できることが少なくなりました。二〇世紀の二度の大戦の反省から、極端な市場主義と不平等を是正する役割を国家は授かったのですが、それも喪失してしまった。リベラルな政治が約束したはずの人権や自由すらも不平等にしか配分されていない。それゆえ、人種や国籍といった、誰もが平等に持つ生来的なアイデンティティーにすがる人たちが増えていると見ることもできます。

――民主主義は試練を迎えているのでしょうか。

選挙をしても何も変えられない、という諦念と怒りがあるのは確かです。左右どちらが担当しても、政策の違いは微調整にしか過ぎず、状況は大きく変えられない。そんな代表制民主主義の空洞化と同時に、街頭の民主主義が活発化しています。これは選挙や代表によらない回路で民主主義を実現しようとする動きです。ポピュリズムは上でも下でもなく、いわば「ななめ」から、怒りを動員するというやり方で、既存の民主主義に異議申し立てをします。リベラルデモクラシー側は、この動きを無視してはならない。民主主義である限り、歓迎されない民意であっても認めないといけません。代表し得ぬ民意を無害化しつつ意図を取り込まない限り、民主主義はトクヴィルの言う「多数派の専制」へと簡単にすり替わってしまいます。

――今後の政治状況はどうなると思いますか。

ポピュリズムは現状に対する「異議申し立て」の政治であって、良い、悪いを論じても意味がない。マクロな視点から見れば、挑戦を受けたリベラルデモクラシーの側が代表の構造を組み替え、自己変革していくしかないでしょう。そして二〇世紀初頭から作られてきた議会を足場にした保革対立は溶解していくでしょう。二〇〇〇年代に入って先進国では、親世代よりも子ども世代の暮らし向きが悪くなると悲観する人たちが多数派になりました。教育や労働が社会的上昇の手段とならず、社会の流動性が壊れている。かといって革命や戦争を起こすわけにもいかず、内圧だけが高まっていく状況は変わらないように思います。

〔よしだ・とおる〕

一九七五年生まれ、北海道大学法学研究科教授。専門は、比較政治・ヨーロッパ政治。著書『ポピュリズムを考える』では、古今東西のポピュリズム政治について精緻な分析を試みている。

第二章　波乱　二〇一五年

トランプの集会が開かれたサンディエゴ市では、トランプグッズを売る人たちも登場した。

ホワイトハウスの大統領執務室、オーバルルームに立つ赤いネクタイのドナルド・トランプ大統領の姿。私たちはすでに、この風景をすっかり見慣れたものと感じている。

だが、時間を遡って、二〇一五年のアメリカで「来年にはトランプが大統領になることに決まっている」と真顔で主張したら、相当な変わり者扱いをされたことだろう。

大統領選に出馬する前のトランプの印象といえば、頭に浮かぶのは成り金趣味丸出しの金ぴかの高層ビルと、テレビ画面に大きく映し出された不自然な金髪、そして品に欠けて語彙も幼稚だが一部の人の心をつかむ話術といったところだった。

「ユーアー　ファイアード（おまえはクビだ）」

応募者を練習生として働かせて採用者を決める「アプレンティス（見習い）」という番組でのトランプの決めぜりふは、日本でもすっかり有名になった。〇七年には、米国最大のプロレス団体「ＷＷＥ」の試合に参加し、代役のレスラー同士の戦いで負けた同団体経営者を床に投げ倒してバリカンで相手の頭をそり上げたが、このパフォーマンスも、彼のキャラクターを強く印象付けた。

暴論を吐いて一部の人の共感を得る芸能人。テレビ出演でマスに向けた人心掌握術を覚えて政界進出したテレビ文化人。不動産事業などで財を成して自らの政治的主張を繰り広げる企業の社長。このあたりを足し合わせたようなキャラクターがトランプという人物だった。

そんな人間が大統領になったのは、なぜなのか。アメリカ人のみならず、世界中の人々が頭に思い浮かべた疑問である。二〇一五年から一六年まで、後世、歴史に特筆されるだろう大統領選を現地で取材した者として、この時期のアメリカ社会の腑分《ふわ》けを試みたい。

三〇年前から同じ

トランプが最初に大統領を志したのは、いつだったのか。それを知る男性が、ニューハンプシャー州ポーツマスにいる。日露戦争における講和交渉の舞台として日本に馴染み深い港町である。

同市の郊外に住む元家具職人のマイク・ダンバー（六九）は、トランプに大統領選への出馬を依頼する運動をしたことがあるという。それも、三〇年前に。

ポーツマスの草深い空港に一九八七年一〇月二二日、黒光りするフランス製ヘリコプターが降り立った。機内からトランプが姿を現すと、ダンバーはそれを迎え入れ、街中のレストランの広間まで案内した。

定員四〇〇人の会場は超満員で、「まるでイワシの缶詰のようだった」とダンバーは振り返る。

同年九月二日、トランプはニューヨーク・タイムズなど三紙に、ある意見広告を出した。〈もう何十年も、日本などの国々はアメリカを利用し続けている。（略）世界は、この国の政治家を笑いものにしているのだ〉

レーガン政権下の八〇年代後半、自動車輸出などを筆頭にした貿易摩擦で日本は「仮想敵」の扱いだった。その状況や相手は違えど、アメリカへの輸出が多い国を一方的に非難し、「国内の雇用を守る」と主張するトランプの反自由貿易、孤立主義的な主張は現在とまったく同じである。

当時、家具職人として小さいながらも製造業を営み、貿易赤字を懸念していたダンバーは、トランプの意見広告に感銘を受けたという。ニューヨークのトランプ・タワーまで自ら出向き、一九八八年の大統領選への出馬と、地元での講演を本人に依頼した。

「この国はひどい扱いを受けている。これは大惨事だ。アメリカの政治家は世界の笑いものになっている。もう、うんざりだ」

　誘いに乗ってポーツマスに赴いたトランプは、今とまったく同じ口調で演説をした。

「トランプを大統領に」「投票するぞ、トランプに」。沸き上がる会場に集っていたのは、ミドルクラスのごく普通の人々だったという。

「彼と直接、話をしたが、仕事を終えた後に友人たちとビールを飲むような語り口なんだ。ポリティカル・コレクトネス（政治的正しさ）は気にかけず、単刀直入に本音で語ってくれたが、こんな政治家はほかにはいない。だから、トランプは自分たちのことを分かってくれると感じるんだ」

　そう、ダンバーは私に語った。講演後、「将来に向けた素晴らしい時間だった」という礼状がトランプ本人から届いたという。

信頼できる政治家

外国を敵視し、米国の利益だけを考える「自国中心主義」の要素は、当時から一通り揃っていた。結果として、トランプは約三〇年後に大統領選への出馬を決めることになるが、政治家としての思想、姿勢やスタイルは、このときに完成していたといってもいい。

ダンバーは今も、トランプを支持している。大統領選の期間中、女性へのセクハラや人種差別的な発言などの醜聞が次々とメディアによって暴露されていた。そんなトランプをなぜ支持し続けるのか、彼は私にこう語った。

「トランプのいくつかの行為は残念に思うが、私たちすべてと同様、彼にも欠陥はあるさ。私は彼をアメリカの大統領にしたいのであって、品行方正なボーイスカウトのリーダーやローマ教皇にしたいわけではないんだ」

スキャンダルに顔をしかめ、欠点は十分承知した上で、それでも支持をする、という。

「ワシントンのエリート政治家たちは、自ら政敵を作り、それを論難することが仕事のようなものだ。まるで、自分たち自身で社会を分断しているようなものだと思う。現在のアメリカの問題を解決できるのは、ビジネスでも大成功しているトランプしかいない。三〇年経っても同じことを言い続けているのだから、彼は正直で信頼に値する。対するヒラリーは、ウソつきだから信用できない」

彼のような熱心なトランプ支持者の思いを一言で表すと、こうなるだろう。

トランプ以外、自分たちの思いを分かってくれる政治家はいない、と。

いくつものトランプ集会に足を運び、集う人々に話を聞いたが、通底するのはやはり、「自分たちを代表する政治家がいない」という不満、不遇感だった。既成政治家はすべて信用できないという感覚が多くの有権者にはあり、それを打ち破ることができるのは、今までのしがらみから無縁の新参者、本音で語るアウトサイダーだけだ。そんな思いを彼ら、彼女らは持っていた。

トランプのキャラクターは、それにぴたりとはまった。元々、既成政治家への反発がトランプ支持の理由だけに、多少の「常識外れ」はかえって異端者ぶりを際立たせることになる。

小学生の語彙

この元家具職人の証言は、トランプが支持される重要なポイントをもう一つ、示している。その演説スタイル、語り方である。

「大惨事（disaster）」や「ものすごい（tremendous）」といった言葉を多用し、「小学校高学年並みの語彙」だとメディアに酷評されているトランプだが、支持者は逆にその言葉遣いや話しぶりに惹かれている。

ダンバーがたとえたように、友人たちとビールを飲みながらアメリカン・フットボールをテレビ観戦しているかのような、ざっくばらんに本音を語るスタイルである。それは、前章で紹介した「ビール派」の労働者の好みにぴたりと当てはまる。

そして、同じフレーズを効果的に繰り返して特定のイメージをかき立て、物語を共有するという、前章で見たオバマと同様の「ストーリー・テリング」も兼ね備えている。

思い返せば、選挙戦中のトランプ演説会は、ほかの政治家の集会とは違う独特の雰囲気に包まれていた。メキシコから車で二〇分ほどの国境の街、米西海岸のサンディエゴ市で二〇一六年五月に催されたトランプ集会に私は参加した。

「参加した」と書いたのには理由がある。この頃までトランプ陣営は海外メディアにほとんど取材許可を出しておらず、日本の取材陣はみな、一般参加者の立場で会場に入っていたのだ。アメリカ人有権者らに交じって金属探知機による保安検査を受けるため、開会の三時間ほど前から長蛇の列に並んでいると、すぐ前にいた高齢の男女グループに声をかけられた。

「私たちの写真を撮ってもらえないか？」

「もちろん」とスマホを受け取って撮影し始めると、彼らは前後に並んでいた人たちにも声をかけ始め、大勢での記念撮影となった。まるで人気歌手のライブにでも来ているような雰囲気である。最後には「君も一緒に」と星条旗を持たされて写真に収まるはめに陥った。

「君のようなアジア系米国人（エイジアン・アメリカン）もトランプを支持していると知って、すごくうれしいよ」とまで言われ、実は日本の新聞記者だとは切り出せなくなった。

確かに周囲を見ると白人ばかりである。

白人の支持者で埋まったサンディエゴ市のトランプの集会では、あちこちで記念撮影をする姿が見られた。

サッカーコートほどもある会議場の大ホールが立ち見の観客で埋まっていく。これほどの「大箱」を一人でいっぱいにするアーティストはそういないだろう。トランプが登場したのは予定をかなり過ぎた午後二時過ぎで、それまで半日近く立ちっぱなしで待たされた聴衆らの熱狂は頂点に達していた。故意かどうかは分からないが、期待を膨らませるために時間稼ぎをしていたとしてもおかしくない。

演説後、参加した人々は、一様に興奮冷めやらぬ様子だった。以前は民主党員だったという四〇代の女性は「トランプはほかのポリティカル・コレクトな政治家たちとは違う。この国はすべてをリセットする必要がある。これまで一二〇人以上を勧誘してトランプに投票するよう説得したわ」と話した。

オバマ大惨事

トランプの演説の内容には、トランプ流とでもいうべき基本パターンがある。それは、現在のアメリカを徹底的に貶《おとし》めることから始まる。

「アメリカはバラバラにされて売り渡されている。学校教育は失敗し、空港や高速道路、橋などのインフラは悲惨極まりない。犯罪は増加し、人々は恐怖におののいている。この上、ヒラリーをホワイトハウスに迎え入れて、『オバマ大惨事（オバマ・ディザスター）』を続けさせるべきではない」

犯罪や不法移民の増加、貧困率や失業率の悪化、貿易赤字やテロの頻発など極めて鬱々とした現状認識をトランプは演説に盛り込む。多くの米メディアはスピーチの内容についてファクトチェック（事実かどうかの検証）を行い、「大半は誇張と虚偽」と評したが、本人も支持者もそれを気にすることはない。

これほどまで自国を貶める言葉が好評を博するのは、そこに支持者らが欲するストーリーがあるからだ。トランプによる「現状を否定する言葉」は、実際に生きにくさや生活苦を感じている人々にとって、極めてリアルに響く。今の自分が苦しいのは、この国そのものがダメになっているからだと考えれば、自分の失敗について深く考えずに済む。そして、アメリカの現状が悲惨で最低であると決めつけるほど、あの決まり文句が意味を持ってくる。

「メイク　アメリカ　グレート　アゲイン（アメリカを再び偉大に）」

そこから先は、読者もお気づきの通り、いつも同じ結論に導かれることになる。悪いのはヤツらだ――。

「職を奪い、治安を悪化させる不法移民」

「安い商品を売り込む中国や日本」

「オバマ政権やワシントンのエリート政治家」

今のアメリカは悲惨な状況であり、それは移民や外国、既成政治家のせいだ。そんな極めて分かりやすく、シンプルなストーリーを繰り返す。希望と統合をうたったオバマの選挙戦とは正反対のベクトルではあるが、トランプもまた、聞き手が望んでいる物語を語ってみせたのだ。

「みんな怒っている」

そんなトランプの支持者たちが、あの日も集まった。

「謹んで、喜ばしく、アメリカ大統領候補の指名を受け入れます」。オハイオ州クリーブランドで開催された共和党全国大会で、トランプが正式に大統領選候補の指名受諾演説を行った二〇一六年七月二一日、全米からトランプ支持者たちがこの街に押し寄せた。

党大会会場となった施設のすぐ近く、同市のダウンタウン中心部にある公園では、アメリカの分断を具現化したような光景が広がっていた。各州の共和党代議員や党幹部らはコンベンションセンターで開かれる党大会に出席することができるが、招待状を持たない市井のトランプ支持者たちは路上や公園に集うしかない。彼らは、あちこちで手製の横断幕を広げ、示威行動をしていた。

そこに、トランプに抗議するデモ隊や無関係に見える宗教団体、やじ馬らが集まって好

2016年７月、トランプが大統領候補に指名された共和党全国大会では、会場外で支持者たちと抗議活動をする人らがあちこちで口論を始めた。

き勝手に声を上げる。さらに重武装した警官隊や自転車に乗った交通警察官らが、同じぐらいの人数で割って入る。

さすがは自己主張とディベートの国、アメリカらしいのが、至る場所で論争や口論が自然発生するところだ。あるグループが口角泡を飛ばして自らの主張を唱えると、それに正面から反論する人々が現れ、人垣が取り囲む。

ウィスコンシン州から約八〇〇キロをドライブしてきたという食料品店従業員のニック・ホールマーク（二〇）は、トランプの決まり文句を書いた横断幕をマントのように羽織り、周囲にいた反トランプデモの参加者に論争を吹っかけていた。

「俺たちアメリカ人は世界で最も高い生活水準で暮らしていたんだ。工場で働けば、自分の家を持てて、車を二台は買い、子どもを育てることができた。だが、今はそんな生活に手が届かなくなった。大学へ行かないと仕事は見つからず、そのために莫大《ばくだい》な教育費が必要で、一生借金に悩まされる。四〇歳を過ぎても学生ローンの残りを払い続けている知り合いが俺にはたくさんいる」

貧困の恐怖

「アメリカを再び偉大に」と書かれた赤い帽子を揺らしながら、その青年はまくしたてた。今までに何度もトランプの集会に足を運んだことがあるといい、帽子には直筆のサインが書かれていた。

「そのわけは、移民が俺たちから仕事を奪ったからだ。不法移民たちはしかも、多くの犯罪まで引き起こしている。シカゴを見ろ。ウィスコンシンだってだんだんヤバくなってきた。みんな、怒っているんだ」

その中でも特に中流が怒っている、と青年は言う。オバマ大統領が当選した八年前頃から、多くの人々がミドルクラスから滑り落ちるのではないかという恐怖を感じ、いらだっているのだという。

「うちの近くで、二五万ドルもする家と車を失った人がいる。すべてを手放して、今じゃトレーラーハウスに住んでいる。うちの家族だって厳しいんだ。みんな、明日にでも失業するんじゃないかとはらはらしながら生きているんだよ」

「もう一つ、恐れているのはヘロインだ。これはメキシコから密輸されている。何しろ、アメリカの中流は怒っている。すごくすごく怒っている」

多くの人々が失業の恐怖にさらされ、貧困に落ち込もうとしているという実感と、移民が仕事を奪って治安も悪化させているという物語が、彼の頭の中では強く結びついている。トランプが演説で何度も繰り返す筋書のコピーのようだ。

「ここでトランプ支持を叫んでいる俺たちは、怒れるアメリカ中間層の代表なんだ。俺たちは失望している。俺たちはこの国を愛している。俺たちはこの国の人々を愛している。再び、この国に偉大になって欲しいだけなんだ」

トランプ勝利後、その支持者らの実態を明かすノンフィクションがアメリカ、そして日本でも多く出ている。筆者がニューヨークに駐在していた際の同僚である朝日新聞記者、金成《かなり》隆一の『ルポ　トランプ王国——もう一つのアメリカを行く』（岩波新書、二〇一七年）は、衰退を続けるアメリカ中西部の鉱工業地域、「ラストベルト（Rust Belt、錆《さ》びついた地帯）」に居住する白人のトランプ支持者たちに密着したルポルタージュだ。

共和党の党大会が行われたオハイオ州や、さきほど紹介した食料品店従業員のホールマークが住むウィスコンシン州もまた、ラストベルトの一角であり、郡部に住む多くの白人たちは、「普通の中間層の生活」が送れなくなる恐れを抱えて生きている。

J・D・ヴァンスの『ヒルビリー・エレジー——アメリカの繁栄から取り残された白人たち（邦題）』（関根光宏・山田文訳、光文社、二〇一七年）は、まさにそのラストベルトのオハイオ州で子ども時代を送った著者の自伝的ノンフィクションであり、トランプ当選後に全米で一〇〇万部を突破するベストセラーとなった。

「アメリカ社会では、彼らは『ヒルビリー（田舎者）』『レッドネック（首すじが赤く日焼けした白人労働者）』『ホワイト・トラッシュ（白いゴミ）』と呼ばれている」と著者は「はじめに」で書く。

片方の親は薬物依存症で、祖父母はどちらも高校を卒業しておらず、著者も将来に望みを持てない子どもの一人だった。失業、離婚、薬物依存、家庭崩壊といった不幸が、親族や身近な人々に当たり前のように降りかかる日常。大統領選の前に書かれたこの本は、トランプが躍進すると、その支持者らの社会的背景を知ろうとする多くの米国人に買い求められた。

アメリカ社会でも多くの人々が、「取り残された白人たち」の実態を知らなかったのだ。

もう一人のダークホース

二〇一六年のアメリカ大統領選は、トランプと同時に、もう一人のダークホース政治家を生み出した。米国上院における初の「社会主義者」議員とされるバーニー・サンダースが、民主党の予備選で本命のヒラリー・クリントンを猛追し、二月九日のニューハンプシャー州予備選で二二ポイントもの差をつけて圧勝。その後もクリントンを脅かし続けた。

戦後、長らく社民党（旧社会党）や共産党が国会に議席を持ち続けてきた日本とは異なり、米国で「社会主義者」といえば明らかに「異端」のイメージだ。サンダース自身は、バーモント州バーリントン市で一九八一年から四期八年、市長を務めた後、連邦上下院議員に選出された経験豊かな政治家だが、大統領選への出馬を表明した当初は、誰もが「泡《ほう》沫《まつ》候補」と考えた。

先述したトランプの場合と同様、サンダースの政治家としての出発点を知る人を探して、アメリカの北東側に位置するバーモント州を訪ねた。州最大とはいえ、湖に面した人口四万ほどの小さな地方都市バーリントンで、彼は市長を務め、その後、同州から国政に進出した。

サンダースが市長に就く前に住んでいたアパートが今もこの街に残っている。

「料金を払えずに、よく電気を止められていたよ。その日暮らしで、金の余裕はなかった。すべてを政治につぎ込んでいたから」

アパートの目の前に住む友人のグレッグ・グマ（六九）はそう話した。

若い頃、サンダースは「トータル」というあだ名で呼ばれていたという。「トータリー（完全に）」が口癖だったから。

「彼は生まれながらの政治家だよ。七〇年代に出会った頃は論争ばかりしていたが、その頃から平易な言葉で分かりやすい主張をする人間だった。といっても、彼は一緒にビールを飲みたいと思われるようなタイプではない。政治の話ばかり、それも同じことを何度でも繰り返すんだ。広告で最も大切なのは繰り返しだが、それを実践しているようなものだったね」

サンダースは一九四一年にニューヨークのブルックリンでユダヤ系ポーランド移民の父のもとに生まれた。学生時代には人種差別反対運動の学生リーダーをし、米国で七〇年代に花開いた反戦平和運動に深く関わることになる。長じてバーリントン市の市長となり、いわば日本における「革新系首長」のような存在だった。

その後、同州を地盤に二大政党のどちらにも属さない無所属で連邦下院議員を八期一六年務め、上院議員に転じて二期目のタイミングで大統領選に出馬した。

〈全国の最低賃金を時給一五ドルに〉〈全国一律の公営医療保険制度〉〈不法移民の合法化〉……。反格差や反戦といった彼の政治的主張は、数年前にニューヨークなどで沸き上がった金融資本主義への抗議活動「オキュパイ・ウォールストリート運動」と近く、欧州の左派政党とも類似性がある。事実、サンダースはオキュパイ運動に最初に支持を表明した政治家の一人だった。

「バーニーは以前からずっと長い間、同じことを主張してきたが、今、それに人々が共鳴しているのだと思う」と市長時代の部下で弁護士のジョン・フランコ（六三）は語った。二〇代の頃から米国の片隅で、権力批判や社会的公正を繰り返し主張し続けてきた改革者に、アメリカ国民はやっと気づいたのだと言う。

以前から同じ主張、同じスタイルを貫いてきたが、今になって多くの人々が彼を「再発見」したことで、時代の寵児《ちょうじ》として大きな支持を集める。この構図は、先述したトランプの半生と相似形である。

ミレニアルの苦境

右派、左派の違いはあれど、主流政治とは大きく異なる主張をし、ときに常識外れとも見られる政策を掲げる異端者が、まったく同じタイミングで浮かび上がった。その土台にあるのは、序章でも触れたように、現状に不満を持ち、既存の政治家に怒りを感じている

「忘れられた人々」の存在だ。

サンダースを個人的にもよく知るバーモント大教授のガリソン・ネルソンは、なぜ、異端者二人が支持を得るかについて、こう語った。

「現在のアメリカ社会には怒りが溜《た》まっている。民主党と共和党のどちらが政権を取っても、議会のねじれで政治が分断され、何も決められない。トランプの支持者は白人で教育レベルの低い人たちが多い一方で、サンダース側は若年層や女性が多く、大学以上の教育を受けている。その違いはあるが、根っこにあるのは今の政治への怒りだ」

「クリントンは人種、女性、労働組合など縦割りで支持を集めるスタイル。一方、サンダースは横断的で支持者を区別しない。そこに、理想主義的で多様な価値観を持つ若者たちが惹かれた」

ネルソン教授が言うように、サンダースとヒラリー・クリントンが争う民主党の予備選レースでは世代間の分裂がくっきりと表れた。ニューヨーク・タイムズ紙によると、予備選序盤の州では、アイオワ州でサンダースを支持した三〇歳未満の有権者が八四%に上り、ニューハンプシャー州でも八三%と若い世代の圧倒的な支持が同氏に集まった。

孫ほども年齢が離れている世代がサンダースに熱狂する。地元バーモント州の若者たちの多くも、この老政治家への期待を口にした。

「若い世代が今まで見たことがない種類の政治家だから。主流派の政治家が議論しないようなことを話してくれる。切実な学費ローン問題について、あれだけ誠実に取り組んでくれる政治家はほかにはいない」とバーモント大に通うソフィー・ホーファッカー（二一）は話した。

このサンダース躍進の原動力となった「ミレニアル（千年紀世代）」は、二〇〇〇年以降に成人した世代をいう。二〇一五年の米国勢調査によると、ベビーブーマー世代の人口を超え、米社会の多数派となった。格差の広がりとともに成長し、親のような経済的安定を手に入れにくい世代でもある。

ミレニアルの苦境の象徴とされるのが高額の学生ローンだ。米連邦準備制度理事会（FRB）の調査では、債務残高は二〇一六年までの一〇年間で約三倍に増え、約一・三兆ドルを超えた。米国では高卒後、本人が学費を負うことが多く、約四〇〇〇万人が返済を続ける。

だが、学費にそれだけ費やしても見返りは乏しく、二二歳から二七歳の大卒者の半数近くが、実は学位を必要としないような仕事に就いているという調査結果もある。アメリカの若者たちが置かれている状況は、前章で見たような、格差と不安定雇用に苛まれる日本のロストジェネレーションの境遇と似ている。

アメリカン・ドリームの死

アメリカン・ドリームは死んだ——。USAトゥデー紙とハーバード大の世論調査によると、ミレニアル世代の四八％がそう考えているという。この調査では、二〇一六年大統領選における支持候補者別の結果も公表したが、「アメリカン・ドリームは生きている」と考える人の割合は、共和党でトランプ（三九％）、民主党でサンダース（四四％）の支持者が最も少ない。

ここに、一つのカギがある。

アメリカン・ドリームの一般的な意味は、「建国の精神である自由と平等、民主主義によって、勤勉ならば誰もが社会的に成功することができる」というものである。この言葉を聞いて一般的な米国人が具体的に想像するのは、「郊外のプール付き戸建て住宅」と「退職後に悠々自適な生活ができる貯蓄や資産」といったところだろう。

努力さえすれば、いつかは誰もが成功する。そんな米国社会の機会の平等を真摯に信じている人たちは、低所得層にも少なくない。

以前、ニューヨークでも最貧困層が集まるイーストハーレム地区で、食糧配給所の取材をしたことがある。ボランティア組織が無料で配るパンに行列を作っていた二〇代の黒人女性の言葉に、私は虚を衝かれた。子ども三人を抱えて仕事も住む場所もなく、友人の家に転がり込んでいる無職で学歴のないシングルマザーが、「いずれ将来はプール付きの家に住むのが目標なの」と曇りのない目で答えたのだ。

それは米国社会でも文字通りの「夢」に過ぎず、圧倒的多数の貧困層はそこから抜け出せない。だが、わずかでも希望があるから、ニューヨークの街角で多くの移民たちがデリバリーピザの配達員やタクシードライバー、女性ならベビーシッターなどの低所得労働に耐えている。

堤未果《みか》のベストセラー『ルポ　貧困大国アメリカ』（岩波新書、二〇〇八年）が描くように、この国には激烈な経済格差があり、所得と富の不平等は極めて大きい。それにもかかわらず、人々に希望を注入する「装置」が、アメリカン・ドリームなのだ。頑張りさえすれば、自分は生まれたときよりも上の階層にはい上がることができる。そう信じることで、米国に住む人々は格差を受け入れてきた。

その装置が今、壊れ始めている。

アメリカン・ドリームの崩壊は、ほかの調査でも明らかだ。「アトランティック誌」とシンクタンクのアスペン研究所は、米国人の四人に三人が、「アメリカン・ドリームが衰退している」と考えているという調査結果を二〇一五年に発表した。回答者の六九％が「アメリカン・ドリームの実現が今ほど厳しい時代はない」と答え、その結果として「勤労倫理が低下している」と考えている。

ハーバード大学教授のマイケル・サンデルも、英ガーディアン紙に同様の視点で論考を一六年に載せている。アメリカン・ドリームとは、子どもたちに親よりも社会階層的に向上する機会を与えることを意味したが、最近の数十年間で、「この心地よい自画像は現実と合致しなくなってきた」という。

「トランプとサンダースは、そんなアメリカン・ドリームから取り残されたと感じる人々の救世主のように見える」

子どもの自己責任

アメリカン・ドリームを支える社会的流動性、つまり今よりも豊かになれる可能性は、米社会でどんどん縮んでいる。サンデルが記事で参照する統計調査によると、所得分布で下位二割以下の家庭に生まれた米国人男性の半分近く、四二％が、成人後も同じ所得水準にとどまっている。これはデンマークの二五％や英国の三〇％より高い。

先述の「アトランティック誌」の調査では、人種別の回答についても分析しているが、アメリカ社会の現状について最も悲観的なのは白人だ。「アメリカン・ドリームを現在、実現している」または「将来、実現する」と答えた白人は六八％に過ぎないが、それ以外の人種を見ると、黒人八二％、ラティーノ（中南米系）八三％、アジア系八二％とすべて八割を超している。最も恵まれているはずの白人たちがアメリカン・ドリームを最も信じていないというのは意外だが、ほかの調査でも同様の結果が出ている。

アメリカン・ドリームについて、ハーバード大教授のロバート・D・パットナムに話を聞いた。二〇一六年の大統領選の前年に『Our Kids: The American Dream in Crisis』（邦題『われらの子ども――米国における機会格差の拡大』柴内康文訳、創元社、二〇一七年）を書き、アメリカ人の間で格差と社会的孤立が広がっていることを社会調査で明らかにした政治学者だ。

アメリカン・ドリームはもう死んだのでしょうか。

「この国で現在、経済格差が広がっているのは間違いない。アメリカ人は従来、結果の平等よりも機会の均等を重視し、格差をあまり気にしてこなかった。だが、今はその機会の均等こそが失われている」

「大人の場合、経済格差は個人の責任だという考え方もできる。だが、三歳の子どもに『自己責任で困難を乗り越えなさい』と言う人はいないだろう。現状に警鐘を鳴らすために、子ども時代の機会不平等に注目をした」

パットナムは断言する。米社会の分断の根には、機会の不平等、つまりアメリカン・ドリームの死がある、と。

経済的に豊かな人は豊かな人と結婚し、裕福な人が多い地域に住み、子どもの同級生も豊かな家庭に生まれ育った子たちばかりとなる。一方、貧しい人は貧しい人と結婚し、貧困地域に住む。経済的な余裕（経済的資本）、豊かな人間関係やコミュニティー（社会関係資本）、高い教育レベルや家庭内の文化レベル（人的・文化的資本）のすべてが、貧しい子どもにとって手の届かないものとなる。

いくら努力を重ねても社会階層のはしごを上ることのできる道が極めて細くなっているというアメリカ社会の現状を、この政治学者は解き明かした。

『Our Kids』でパットナムが書こうとしたことは、格差と分断を放置したとき、国家と社会に何が起きるのかという考察だった。出版翌年のアメリカ大統領選の混迷は、それを現実社会で証明してしまったかのようだ。

「トランプの支持者の特徴として、低学歴、低所得層が多く、さらに白人男性に顕著に偏っていることが挙げられる。製造業の衰えなどによって、労働者階級の白人男性たちは苦境が続いている。エリートは、こういった苦しむ人たちの問題に向き合ってこなかったのだ」

白人の焦り

ウォール・ストリート・ジャーナル紙は二〇一六年三月、「トランプとサンダースを押し上げる怒れる白人男性」という記事を掲載した。トランプが勝利したミシガン州やミシシッピ州の予備選の出口調査を分析した結果、白人の男性で「連邦政府に怒っている」と答えた人々の多くが同氏に投票していたという。トランプを支持する層の中核に位置しているのは、「反ワシントン感情を持つ白人男性」ということになる。

これはサンダースも同様だ。事前の予想を覆してヒラリー・クリントンを打ち負かしたミシガン州予備選では、投票者のうち、「所得の不平等」を一番の問題だと考える人の六〇％の票をサンダースが得ている。パットナムが指摘したことは、現実の選挙結果にそのまま当てはまっている。

アメリカでは、白人たちが中流以上の社会階層の大多数を占めている。多民族国家といっても、低所得層のかなりの部分は有色人種であり、人種と階層がミルフィーユのように重なっているのが現実だ。

そんな国で、グローバル化による産業の空洞化や非熟練労働のＩＴ化などによって、安泰だったはずの中間層が次第にやせ細り、「親並みの暮らし」が決して保障されない社会が姿を現し始めた。前章で見たような白人たちの凋落《ちょうらく》が、この一〇年間でついに既成政治の否定へと向かい始めたのだ。

それだけではない。格差の拡大に加えて、アメリカでは人種構成の変化がダイナミックに進んでいる。現在、白人が人口の過半数を占めているが、二〇四〇年代半ばには黒人、ラティーノ、アジア系などのマイノリティーが合わせて過半数を占め、多数派になると推定されている。

少なくない白人が中流から下流に滑り落ち、人種構成でも少数派になろうとしている。圧倒的優位性が揺らぐことによる焦りや怒り、不安。それが、トランプの主張する不法移民排除や反自由貿易の情念と結びついても不思議ではない。実際に、全米各地で筆者が聞いたトランプ支持者たちの声は、この種の憤懣《ふんまん》に満ちていた。

これが、前章でも見た「白人優位主義」の差別感情と結びついたとき、何が起きるのか。トランプ当選後にアメリカ社会を覆った暗雲については、第四章で改めて取り上げるが、

「白人の焦り、怒り」が、トランプをこの国の最高指導者へと導く最後のひと押しになったことは間違いないだろう。

アイデンティティー・ポリティクスという言葉がある。通常は人種的少数派など差別される側、社会的な不公正の犠牲になっている人々の自己実現のための政治行動を指す。二〇一六年のアメリカ大統領選が浮き彫りにしたのは、強者かつ多数派であるはずの白人男性たちのねじれたアイデンティティー・ポリティクスだったのかもしれない。

【漂流する民主主義に寄せて　インタビュー②】

ロバート・D・パットナム（ハーバード大学教授）

二〇一六年五月

――トランプは、なぜあそこまで支持を集めるのですか。

トランプの支持層には二つの特徴があります。一つは低学歴、低所得層であることで、特に男性、さらには白人男性が多数です。米国における製造業の衰えなどに伴い、こうした労働者階級の白人男性たちの厳しい状況は二〇～三〇年前から始まっていましたが、エリート層は苦しむ人々の問題に向き合ってきませんでした。そして、もう一つの特徴は、社会的なつながりが少ないということです。社会的なつながり、社会関係資本が欠乏すると、他人への寛大さや、他人と自分が平等だという意識、さらには政治的に協力する姿勢が低下します。

経済的困難と社会的な孤立の組み合わせは歴史的にも研究されており、一九三〇年代のドイツにおいても、この二つの要因が指摘されています。成熟した文明国でなぜ、ナチスのような政治文化が台頭したのかを理解しようとしたユダヤ人哲学者、ハンナ・アーレントらによる分析です。

社会的な孤立や不満は、まるで乾燥した草原のようなもので、それだけで自然に燃え始めるわけではありません。しかし、雷が落ちると、あっという間に炎が広がります。点火するためにはリーダーが必要ですが、政治的な方向性はその指導者の考えによって左右される。トランプが特に危険なのは、人々の不満や怒りをかき集めていることだけでなく、その怒りをメキシコ人やイスラム教徒、女性といった特定のスケープゴート、生贄《いけにえ》に向けていることです。

――背景には、アメリカン・ドリームの衰退があるのでしょうか。

この国では現在、経済格差が広がっています。それだけでも重要な問題ですが、以前から米国人は「結果の平等」よりも「機会の均等」を重く見て、経済的不公平をあまり気にかけてきませんでした。ところが、今はその「機会の均等」すら失われています。だからこそ、今度の著書『Our Kids』では子どもに注目しました。大人の場合、経済格差は個人の判断の結果だという考え方もあります。ですが、三歳児に「自己責任で困難を乗り越えなさい」という人はいないでしょう。

経済格差の拡大に伴って、アメリカ国内における分断が進んでいます。周囲に住んでいる人や、一緒に学校で学ぶ人、結婚相手となる人を決めるのは、経済的な状況が大きな要因になってきています。裕福な人は裕福な人と結婚し、地価の高い地域に住むのに対して、貧しい人は貧しい人と結婚し、貧困地区に住みます。

格差の拡大はアメリカ社会に経済的損失をもたらします。貧困家庭の子どもに社会が投資をしないことにより、米国の損失は五兆ドルに達するという試算もあります。貧しい子どもを助けると裕福な子どもが損をするというゼロサムゲームではなく、むしろ逆なのです。優秀であるにもかかわらず十分な教育を受けられないような子どもが多くなると、労働者の質も下がり、社会の生産性が低下する。「貧困は彼らの問題だから」などと、裕福な人が無視できるわけではないのです。

——格差拡大のさきにあるものは何ですか。

格差の拡大がこのまま進むと、アメリカは格差が固定された社会になってしまう。それは全国民が平等であるというこの国の根幹を揺るがし、政治システムの倫理性が疑われることにつながります。より大きな視点で見ると、アメリカ社会は「私たち」の社会から

「私」の社会に移行していると言えるでしょう。その変化によるメリットとして、他人との違いに寛容になり、ほかの宗教の人や同性愛者らも受け入れるようになったのは事実です。しかし、社会全体で子どもを育てるという意識がなくなったことで、格差の拡大が放置されるようになった点は大きな問題だと思います。

〔Robert D.Putnam〕

一九四一年生まれ、政治学者、ハーバード大学教授。米国における共同体の崩壊を描いた『孤独なボウリング——米国コミュニティの崩壊と再生』（柴内康文訳、柏書房、二〇〇六年）は大きな反響を呼んだ。ほかの著書に『哲学する民主主義——伝統と改革の市民的構造』（河田潤一訳、NTT出版、二〇〇一年）『流動化する民主主義——先進8ヵ国におけるソーシャル・キャピタル』（猪口孝訳、ミネルヴァ書房、二〇一三年）など。

第三章　通底　二〇一六年

殺害されたコックス議員を悼む集会には、多くの人が彼女の写真を手に集まった。

万が一ということもあるが、順当に行けば当選はあり得ない――。ドナルド・トランプが予想外の躍進を遂げ、共和党の指名候補となった二〇一六年七月当時、米国の主な新聞やテレビに共通した見立ては、こんな印象だった。

この頃、ニューヨークを本拠に大統領選を取材していた筆者自身、世論調査結果や米有権者の動向を鑑みて、トランプ大統領誕生の可能性はゼロに近いと考えていた。特大のスキャンダルに見舞われるか、病気や体調不良などで大きく失点しない限り、ヒラリー・クリントンの勝利は動かないだろう、と確信していた。

考えてもみよ。女性、非白人、若い世代を合わせれば、有権者全体の七割以上を占めることになる。そんな人々が、女性蔑視や反移民の言動を垂れ流してきた大統領候補を簡単に受け入れるはずがない。

いや、今までもそんな読みをあっさりと裏切って、トランプは共和党の予備選レースを勝ち進めてきたではないか。そんな反論も頭の隅から聞こえてくる。二〇一五年の段階では常識外れの泡沫候補に過ぎなかったのに、共和党保守本流のフロリダ州知事ジェブ・ブッシュや、若手でヒスパニック系のマルコ・ルビオ上院議員、右派系の市民運動ティーパーティー（茶会）の支持が厚いテッド・クルーズ上院議員ら、本命視されていた候補が、そのトランプになすすべなく敗れ去ったことを、どう説明するのか。

いやいや、それでも共和党対民主党の戦いとなる本選となれば、話は別だ。オバマを黒人初の大統領に押し上げた八年前の民意のうねりを考えれば、ここで歴史の振り子が大きく逆に振れることはないだろう。白人有権者の過半数が共和党候補のトランプを支持しているといっても、それは前回、前々回、オバマが勝利した選挙でも同じ構図だった。人種差別的な発言を繰り返し、米国経済の前提である自由貿易すら否定するような人間を大統領に選ぶほど、アメリカ国民は愚かではないはずだ……。

トランプが勝つはずのない理由をいくつも数え上げて、心の平安を保つ。これは私に限らず、多くの在米ジャーナリストが抱いた思いだっただろう。政治的立場を問わず、少なからぬアメリカ国民の心情でもあったに違いない。

今思えば、この頃から、アメリカ社会を覆う空気には、波乱の微香が漂い始めていた。

だからこそ、そのわずかな予感を無意識に打ち消そうとしていたのかもしれない。当時、映画監督マイケル・ムーアがウェブで発表し、大統領選後に「事前に選挙結果を言い当てていた」と称賛された文章が、この頃の世相をよく表現している。

「この卑劣で無教養で危険で、ときに道化師、常に反社会的である人間（ソシオパス）が、私たちの次期大統領になるのだよ。トランプ大統領。さあ、この言葉を言ってみたまえ。なぜなら、これからの四年間、私たちはこの言葉を言い続けることになるのだから」

「これを読んだあなた方が何をしようとしているか、私には分かる。激しく首を横に振って、いや、マイク、そんなことは起きはしないと言うのだろう。残念ながらあなたは、『アメリカ人はこんな大馬鹿者を大統領に選んだりしない』と確信している友人たちだけの声が反響する部屋にいるようなものなんだ」

当時、ムーアのように考えていた人間はごく少数だった。私を含めた多くの人々は、いわゆる「正常性バイアス」に陥っていたのだろう。何か異常な出来事が起きても、「安心感につながる情報の方を信じやすい」「きっと大したことではないはずだと都合よく解釈してしまう」という心理的傾向のことだ。災害や大事故などの際、この正常性バイアスのために避難や適切な対応が遅れ、被害を拡大してしまうとされる。

前にも触れたように、歴史の転換点というものは、規模が大きければ大きいほど、その渦中で同時代を生きる者にとって知覚しにくい。とりわけ、世の中の変化が一定の閾値《いきち》を超えようとしているとき、内側からそれを感知するのは極めて難しい。トランプ大統領誕生前後のアメリカに滞在して、私はそれを改めて思い知ることになる。

ブリテン・ファースト

数週間の日程で私がアメリカからヨーロッパへと向かったのは、こんな時期だった。アメリカと英国、そして欧州連合（EU）各国で進行している政治的、社会的変動に、どんな共通点や類似性があるのかを取材するためだ。

英国のEU離脱、いわゆるブレグジットを決める国民投票が間近に迫っていた。アメリカ東海岸から大西洋を越えて東へ約五五〇〇キロ離れた英国の首都ロンドンでも、国民投票をめぐる人々の心情は、トランプ旋風のただ中にいたアメリカ国民のそれと極めて似通っていた。

主な世論調査では残留派と離脱派が拮抗《きっこう》する結果が出ていたが、EU離脱なんてあり得ない、という楽観がなぜかメディアでは広がっていた。英国で国民的娯楽といえるブックメーカー（公認賭け屋）のオッズは、EUからの「離脱」が五・五倍、「残留」が一・一倍と、残留を予想する人が多い傾向を示していた。EUを離脱することで英国経済が大きなマイナスの影響を受けるとも報じられており、わざわざ国内外を混乱させ、欧州統合という歴史の歯車を逆回転させる決定をするほど英国民は「愚か」ではない、というのが大方の見方だった。今思えば、これもまた、正常性バイアスゆえだったのだろう。

折しも英国に入る直前、英社会を大きく揺るがす事件が起きた。英国中部リーズ近郊の町バーストルで二〇一六年六月一六日、労働党の女性下院議員ジョー・コックス（四一）が何者かに銃撃されて死亡したのだ。地元警察は、五二歳の男を逮捕した。

コックス議員は国民投票でのEU残留を訴えており、前年総選挙での初当選後、シリア難民の受け入れ枠拡大を提案する超党派の議員連盟の代表を務めていた。排外主義に対して戦う姿勢を見せていた彼女のもとにはたびたび脅迫が寄せられ、警察が警備強化を検討していたという。男は犯行時に「ブリテン・ファースト」と叫んだという目撃証言があり、半年後に終身刑が言い渡された裁判では、白人至上主義とナチスにつながる排他的国粋主義が動機だったと認定されている。

この事件を受けて、過熱気味だった残留、離脱両派の運動は中断された。私がヒースロー空港に降り立つと、国民投票直前だというのに、ロンドン市内は普段と変わらぬような顔をしていた。

観光名所のビッグベンを望む下院議事堂前の広場には、コックス議員を追悼する写真が置かれていた。周囲は花束と無数のろうそく、そして手紙で埋め尽くされている。〈分断しようとするものには負けない。私たちは、ずっと一つにまとまっている。ジョー・コックス、平和に眠って〉

分断よりも統一を。手紙に書かれているメッセージの多くは、そう訴えていた。国家の方針を統一させるために実施される国民投票が、社会の分断をさらに広げ、憎しみを増殖させて、ついには殺人事件まで引き起こしてしまった。目の前の現実に、人々はうちひしがれているようだった。

一角に備え付けられた巨大なキャンバスにも、無数のメッセージが書き込まれていた。

そこにしゃがみ込んで、油性ペンで言葉を書き付けていた女性に声をかけた。国営放送のBBCでアートプロデューサーをしているというパメラ・エスターソンは、堰《せき》を切ったように話し始めた。

「この国も、ほかの国も、まるで憎しみによって分断されているように見える。日々、悪い方向へ向かっているかのような気がする」

彼女は英国とアメリカの双方に国籍を持っており（注：英米両国は二重国籍を認めている）、EU離脱の国民投票と米大統領選の両方とも投票するつもりだという。エスターソンの目には、英米両国が非常に似通って見えていた。

「アメリカでのトランプの躍進と、英国でEU離脱を主張する英国独立党（UKIP）党首（当時）のナイジェル・ファラージの台頭が同時期に進んでいる。恐ろしい偶然が起きているように見えるけれど、どちらも人々の不安に足場を置いているという意味で、大きな違いはないのでしょう。両国でそれぞれトランプとブレグジットを支持する人たちは、『今のままでは自分たちの生活が壊されるのではないか』という恐怖を強く抱いているのだと思う」

エスターソンは、キャンバスにこう書き込んで仕事へ戻っていった。
〈団結すれば立ち上がれるけれど、分断すれば倒れる。一人＋みんな〉

手弁当の運動

ＥＵ残留派の多いロンドンでは、ジョー・コックスはまるで殉教者のように扱われた。英メディアの多くは、この事件が残留派に有利に働くだろうという見通しを報じていた。悲劇の死に同情する大衆の心情は、コックス議員自身が主張していた「ＥＵ残留」へと向かうと考えるのが自然であり、金融市場でもＥＵ離脱を懸念して売られていた英通貨ポンドや欧州共通通貨ユーロが値を戻していた。

そんな空気の中、ＥＵ離脱派はどう考えているのか。小雨が路面を濡らすロンドン郊外の街、イーリングを訪ねた。

“Vote Leave”（離脱に投票を）と大きく壁に貼られている住宅地の事務所をノックすると、デビッド・ウィルキンソン（五二）は、ポロシャツにジーンズというラフな格好で現れた。足元を見ると裸足にサンダル履きだった。

「離脱に投票を」と大きなボードを掲げたロンドン市内の事務所で、デビッド・ウィルキンソンはＥＵ批判を熱く語った。

「すまんね、こんな格好で。昨夜も事務所に泊まったもので。手弁当の運動だから、ホテルに泊まるカネを節約しないといけないんだ」

　雑然とした事務所には、ＥＵ離脱を主張するビラやステッカーが積まれていた。政治活動をしているというより、街おこしのイベントをしているといった風情だ。ブレグジットへの賛成を地域住民に呼びかける活動を数人で続けているという。

　なぜ、ＥＵからの離脱を望んでいるのか。そう単刀直入に聞いてみた。

「一言で言えば、ＥＵは失敗しているからさ。欧州には多くの失業者がいて、貧困に落ち込んでいる人たちがいる。それなのに、EUのエリートたちは人々の幸せより、自分たちの帝国を守ろうとしている。人々の暮らしよりもイデオロギーを大切にしようとしているんだ。キャメロン首相はまるでEUという皇帝を前にした地方の領主のようだよ」

　移民が増えていることについてはどう思う？

「移民個人について恨みがあるわけではないんだ。例えば、最近、近くで移民が少女を殺害する事件が起きたんだが、だからといって移民すべてが殺人犯だとは思わない。問題は、移民が労働コストを引き下げていることだ。ロンドンで家賃が高騰を続けているのも、多くの人々が流入しているからだと思う」

　アメリカでトランプの支持者たちに聞いたときも同じ印象を抱いたが、英国のEU離脱に賛成する人々の多くは組織化されているわけではなく、あくまで個人の立場で活動をしているようだった。どちらの国でも、人々はいわば草の根の活動として「アメリカ・ファースト」や「ブリテン・ファースト」を訴え、移民排斥を主張していた。

　ジョー・コックス議員の殺害について、どう思うかを聞くと、ウィルキンソンは首を横に振りながら答えた。

「事件にはもちろんショックを受けたよ。でも、エリートたちに対して怒っているのは、事件の容疑者のような狂信者なんかじゃなくて、ごく普通の人たちなんだ。だって、似たようなことは、英国以外でも起きているだろう?」

そう、アメリカでも英国でも、今までの政治を破壊する大きな政治運動を引き起こしているのは、極端な考えに洗脳されたカルト信者や、特定の政治思想を強く信奉する革命家などではなく、ごく普通の市民たちだった。

移民というスケープゴート

数日後、市中心部のトラファルガー広場に行くと、そこには数千の人々が集まり、ジョー・コックス議員を追悼する大規模な集会が開かれていた。人々の持っているプラカードには、"Love Like Jo"(ジョーのように愛そう)、"More In Common"(もっと一緒に)といった言葉が書かれている。

政治的な主張は封印し、あくまで凶弾に倒れたコックスを悼むという趣旨で集会は企画され、コックス議員の家族や同僚政治家らが追悼のあいさつをした。続いて舞台に立ったのは、現在はロンドンに住んでいるノーベル平和賞受賞者のマララ・ユスフザイ（一八）だった。イスラム国家で女性が教育を受ける権利を訴え、テロリストの銃弾を受けたパキスタンの若き英雄である。

「私は今日、銃弾では勝つことはできないという、生きた証拠としてここにいます。ジョーの生涯は、平和のメッセージがどんな武器よりも強力だという証明なのです」

ちょうどそのとき、集会を挑発するかのように、巨大な横断幕をはためかせた小型機が上空を旋回した。"Take Control"（主権を取り戻そう）、"Vote Leave"（離脱に投票を）。

国民投票はなぜ、市民を分断する対立と憎しみを生んでいるのか。この集会に参加したコックス議員の知人で、ポピュリズム政治を研究する労働問題研究所の研究員、ステファノ・フェラに話を聞いた。

「この一〇年間、家賃の高騰や公共サービスの値上げに多くの市民は不満を抱いていた。それとちょうど同じタイミングで、EU加盟国、特に東欧、中欧から多くの移民が流入し、英国独立党や右派メディアがこの二つの出来事を意図的に結びつけた。いわば、移民をスケープゴートにしたようなものだ。格差や生活難を感じている人々は、移民や異なった宗教への敵視を抱きがちだから」

ＥＵは人の移動の自由を原則としており、二〇〇四年に東欧などの一〇カ国が新規加盟をしたことで、英国に流れ込む移民の流れが生まれた。同国に居住するＥＵ諸国からの移民は一〇年ほどで約三〇〇万人へと三倍に増えたが、ここにつけ込んだのが、ＥＵ離脱派だったというのだ。

同時に、人々の怒りの根底にあるのは、こんな状況を放置したエリート政治家や官僚らに対する不信だとフェラは言う。

「英国だけではなく、世界中で政治的エリートへの不信が高まっている。国を売り渡した裏切り者だとすら、右派政治家たちは煽り立てている」

移民やエリートへの反発を利用したのが、各国でポピュリストと呼ばれる政治家たちである。

「世界には白と黒があり、善と悪が戦っているのだという単純な世界観は昔から存在しているが、近年、それが実に効果的に利用されている。人々は簡単で分かりやすいメッセージを好むものだ。現代の人々が直面している問題は非常に複雑で、その原因も理解しにくいものだから、『あいつが悪い』という単純で明快なメッセージに飛びついてしまう」

ランプから出てきた魔神

国民投票の結果が判明したのは、現地時間六月二十四日午前四時半過ぎだった。民放テレビ局が「離脱派勝利」と伝えると、ロンドン市内で開かれていた英国独立党の集会では、支持者らが「アウト、アウト、アウト」と声を上げた。

同党のファラージ党首は、この「当確」が伝えられる前に、報道陣を前に興味深い言葉を発していた。

「ＥＵを疑う『ジーニー』は、魔法のランプから出てきた。もうランプの中に戻ることはないだろう」

ジーニーとは、ディズニー映画「アラジン」に登場するキャラクターの名前で、ご存じ、ランプをこすると出てくる魔神である。まだ国民投票に決着がついていない時間帯の発言であり、「勝とうが負けようが、反ＥＵの流れは押しとどめようがない」という意味でファラージは語ったようだが、このたとえは強く印象に残った。

反ＥＵにとどまらず、反エリート、反移民の排外主義、自国ファーストといった既成政治を破壊する魔神は、世界各国でランプから飛び出し、決して戻ることはない……。そんな時代の訪れを宣言したかのように私には聞こえた。

その後、ファラージは「英国をＥＵから離脱させるのが政治家としての目的だった。自分の役割は果たした」と述べ、英国独立党の党首を辞任している。まるで「魔神」を扱いかねて、身を引いたかのように見える。

同日に発表された開票結果を振り返っておくと、ＥＵ「離脱」が一七四一万七四二票（五一・九％）、「残留」が一六一四万一二四一票（四八・一％）で、わずか四ポイント弱の差だった。二度にわたって近隣国が敵味方に分かれて殺戮《さつりく》し合った大戦の反省をもとに、新たな地域統合の実験に踏み出した欧州の夢は、ほんのわずかな票差によって大きくつまずくことになった。

地域ごとの結果を見ると、残留派と離脱派の地盤は明確に分かれていた。首都ロンドンと北部スコットランドでは残留派が多数を占めたが、イングランドの地方部やウェールズでは離脱派が優勢だった。ざっくり言うと、離脱派は田舎、残留派は都市という傾向がうかがえる。これは、グローバル化による恩恵を受けやすい都市部の住民はEU残留を望み、逆にその負の影響を被る地方では反EU感情が強い、ということを意味する。

国民投票が突きつけたのは、グローバリゼーションによって国民生活が大きく揺さぶられる中で、庶民や労働者層とエリートでは、社会がまったく違って見えているという事実だった。

言葉を話せない人たち

激震に見舞われた英国を後にし、ほかのヨーロッパの国々に向かった。ロンドンから数時間、直行便で着いたのは、一カ月前の選挙の余熱が残っているオーストリアの首都ウィーンである。左派の「緑の党」と極右の「オーストリア自由党」の候補者がぶつかり合った二〇一六年五月のオーストリア大統領選は、歴史的な大接戦となった。即日開票された当日投票分で勝敗は決まらず、翌日の不在者投票の開票にまでもつれ込んだ揚げ句、開票作業に不正があったとして再投票が決まっていた。

オーストリア自由党には、ナチスのイメージがつきまとう。二〇〇〇年にオーストリア国民党との連立政権に加わったとき、当時の故ハイダー党首がナチス賛美発言をしたことでEUから制裁を受けてもいる。その後、内紛もあって勢力を失うが、現党首のシュトラッヘが「反移民」と「オーストリア・ファースト」をうたって支持を盛り返した。そして、大統領選ではついに、投票した人のほぼ半数の支持を得るまでになった。

ここでも反移民と自国第一の暴風が吹き荒れていた。大統領選の前年には、ヨーロッパに押し寄せた中東やアフリカからの難民をめぐる市民の不安、そして英国と同様のEUへの不信をすくい取り、自由党は政権を強く批判して地方選挙で躍進していた。

オーストリアの大統領は、内閣の罷免《ひめん》などの権限を持つことを除けば、基本的には元首として国賓対応などを務める儀礼的な地位に過ぎず、実際の政治を担当するのは議会選挙の結果を受けて成立する内閣と首相だ。とはいうものの、当時の世論調査での自由党支持率は中道左派の社会民主党と保守の国民党を引き離してトップを走っており、この大統領選の結果は次の議会選挙に多大な影響を与えかねないと目された。極右政党による政権獲得が近いのではないかと国際社会も危惧していた。

第二次世界大戦でナチスドイツの占領を受け、極右への反発はことさら強いはずの人口約八六〇万人の小国で、「魔神」はどんな振る舞いを見せているのか。それを知るために、古都の乾いた石畳を歩いた。

最初に訪ねたのは、地下鉄一号線沿線、ウィーン南部のロイマンプラッツ駅だった。ターミナル駅だけあって乗降客は多く、コンコースを通勤通学客が早足に歩いている。外国人居住者が多い地区といわれ、確かに駅周辺を散策すると、トルコ系やアフリカ系、アラブ系の顔立ちをした人が目につく。この駅があるウィーン一〇区で、自由党の支持率が上がっているという。

目抜き通りでベンチに座っている人たちに声をかけてみた。

「バスに乗ると、ドイツ語（注：オーストリアの公用語）を話せない人たちがたくさん乗ってきて、よくトラブルになるんだ」

「小学校でも、言葉を話せない子どもが多く転入してきて、授業が成り立たないクラスもあるぐらいさ」

「難民が入ってくると、仕事がなくなるでしょう。住む場所だって、どんどん難民や移民が奪っていってしまう」

従来から存在していた反移民の住民感情が、爆発的に増えた難民の流入によって大きく膨れ上がり、それが既存政党への批判へとつながっている。そんな様子がうかがえた。

難民が大量流入し始めた当初、オーストリアはドイツと同じく、難民受け入れに前向きだった。社民党と国民党による連立政権がバルカン半島に殺到した難民の保護を表明したため、地理的に中東からヨーロッパへの玄関口となったオーストリアは、「難民回廊」と化した。二〇一五年、人口の一%以上にあたる約九万人が難民申請をしたことで国内は混乱し、政府は遅まきながら難民申請の受付数や入国者数に制限を設けた。

この政策の動揺と国民の不安を、自由党はジャンピングボードとした。大統領選の決選投票を見ると、英国のＥＵ離脱国民投票と同様、自由党はやはり地方で強い支持を受けたことが分かる。

緑の党出身の候補者ファンダーベレンの得票は二二五万票で、自由党のホファーをわずか三万票上回っただけだった。連邦制のオーストリアで九つある州ごとに見てみると、ファンダーベレンが勝ったのは首都ウィーンを含む二州であり、グローバル経済による利益を受けるエリートや富裕層の多い地域で票を稼いだことが分かる。ウィーン市内でも、前述の一〇区のような労働者層の多い地区ではホファーが善戦していた。エリート層か、庶民や労働者層か。都市か、地方か。この国でもやはり、国民の分断は露《あらわ》になっていた。

「この国は沈む」

近年、オーストリア自由党が勢力を広げた理由の一つに、以前は左派政党を支持していた労働者層に浸透したことが挙げられる。これはアメリカで、「ビール派」と呼ばれた労働組合系の民主党員がトランプに引き寄せられた現象とよく似ている。

ナチス支配を経験した第二次世界大戦以降、連続して現在の社会民主党が市政を担ってきたウィーンでも、周辺部で自由党の支持が強まっていた。東京と同じく二三区に分かれる市内の区で、ドナウ川に面する第二一区は唯一、自由党が緑の党を上回る票を獲得した。

この区には労働者層が多く、左派市政によって建設された公営住宅が立ち並んでいる。かつては社民党の金城湯池《きんじょうとうち》だったが、近年は自由党が区内の第一党になり、今では区長も同党から選出されている。そのポール・シュタドラー区長（六〇）を訪ね、なぜ自由党が支持を集めているのか、理由を聞いてみた。

「国政選挙と違って、地方行政レベルでは決して政治的な主張だけで支持を得ているわけではない。以前からずっと、市民に接して要望を汲み取り、ゴミ収集など地域の問題に積極的に取り組んできたことが評価されているのだと思う。反移民や反エリートといった立場で支持を得たのではって？　いや、そんなことはないよ」

区長の話しぶりは穏やかだった。親ナチスの印象を薄め、住民らの生活に関わる身近な要望をかなえる。そんな地道な活動もまた、自由党の台頭を支えていた。トランプや英国独立党のように過激なスローガンで一時的にブームを起こすようなやり方だけでは、ここまでの支持は広がらないだろう。地元民の生活に密着し、草の根の活動で支持を集める手法を、極右と呼ばれる排外主義政党が採っているとは意外だった。想像していたよりも、遥かに市民の日常に浸透している。

さらに自由党の素顔を知るために、熱心な支持者に会う約束を取り付けた。指定の場所に姿を現したのは、まだ表情に青さの残る若い男女だった。

水を向けるまでもなく、難民が殺到する国の現状に彼らは怒りを露にした。

「この国は今、変わらなければいけないのに、政権は何もしていない」。法律を学ぶ大学生のリサ・ガビック（一八）は顔を歪《ゆが》ませた。三年前、一五歳のときから自由党を支持しているという。最大の問題と考えているのは、やはり「難民の流入」である。

「高齢者のための年金よりも、難民の方が多くのカネをもらっているなんておかしいでしょう。それに難民によるレイプ事件も起きているのよ」

東京にたとえれば池袋や上野のようなターミナル駅のトイレで、数カ月前に難民によるレイプ事件が実際に発生し、ウィーン市民の話題となっていた。

自由党の地区代表をしているというレオ・コルバウアー（二八）が付け加える。「難民が続々と入国し、もう船は満員に近くなっている。このままでは、この国はいずれ沈む。それなのに、政府は無策で何もしようとしていない。自由党は、労働組合ともEUともつながりがなく、依存もしていないので、必要な改革を実行できる唯一の政党なんだ」

自由党のスローガン、「オーストリア・ファースト」こそが最も大切だとコルバウアーは強調した。「自由党をナチと同一視する海外メディアがあるのは知っている。でも、外国人より自国民を優先するのは当たり前だと思う。米国でもトランプが同じことを言っていますよね」

何の屈託もなく「自国第一主義」を信奉し、排外主義を公言する。既存の政治勢力とのしがらみを持たない新しい顔に期待する。難民やEUのような「敵」を指さし、自分たちとの間に分断線を引く。彼らの話す言葉は、各国で台頭するポピュリズム政治勢力の主張と極めてよく似ていた。

そして、これらの政治勢力は、国境を越えて横につながり始めている。「自国第一」を挙げる政党が国際的に連帯するというのは、何か矛盾した話のように思えるが、事実、私が訪れる直前には、EU域内の右派政党の党首が集い、ウィーン郊外で「愛国的な春」と題した集会を開いている。主催はオーストリア自由党だ。

どの党も自国の利益を最優先する「〇〇ファースト」を掲げ、EUを敵視するほか、移民や難民の排斥、直接民主制の呼びかけといった政策が共通している。

集会では、自由党のシュトラッヘ党首やフランス国民戦線のマリーヌ・ル・ペンに加えて、英国独立党、新興政党「ドイツのための選択肢（AfD）」、イタリアの北部同盟などの欧州議員が次々に登壇した。「欧州の人々は、みな自由を取り戻す権利がある」とル・ペン党首は訴え、ポピュリズム政党の「連帯」を訴えた。

彼女は翌二〇一七年のフランス大統領選で決選投票に勝ち残ることになる。

「今あるものを壊すのが目的」

「敵を指さす」のは、右派だけではない。

オーストリアの次に向かったのは、長引く不況と若年層の高失業率や財政危機に悩むスペインである。英国でEU離脱が決まった直後、同国の左派政党ポデモスが首都マドリードで開いた選挙集会には、支持者一万人以上が集まった。

ポデモスとは「私たちはできる」という意味だといい、オバマ前アメリカ大統領の「イエス　ウィー　キャン」を連想させる。「怒れる者たち」という市民運動から発した新進の政党で、わずか数年で第三党に急伸し、アメリカ大統領選のサンダースや英国労働党のコービンらとあわせて、格差是正を主張する左派の勃興として国際的に注目を浴びた。

午後六時、夏時間のためにまだ肌が痛いほどの日差しが降り注ぐマドリード市内の広大な公園に、人々が集まり始めた。老若男女という表現がぴったりで、幼い子ども連れの家族も目立つ。会場の片隅ではビールも売られていた。

暮れなずむ空の下で始まった集会では、スケジュールの案内もないまま、延々と政治家や支援者が演説を続けていった。「既成政治家たちはマフィアだ。我々はもう、後戻りはしない」。演説する様子とスローガンが高さ数メートルの大画面モニターに映し出され、興奮を盛り上げるテクニックはまるでロックバンドのライブである。

まだ熱気がたゆたう午前零時前、聴衆の期待が最高潮に達した頃、代表のパブロ・イグレシアスが大きな身ぶりとともに小走りでステージに上がった。「パブロを首相に」というコールが会場に響き渡り、表情のアップが大画面に映し出される。

「スペインを私は誇りに思う。あなたたちは今、スペインの歴史に立ち会っている」

「今の政治家たちは腐敗しきっている。唯々諾々とEUの言うことを聞いて失業者を作り出している」

歯切れのいい短い言葉でメッセージを繰り返し伝える。日本でいえば、小泉純一郎元首相のような演説スタイルだ。「パブロを首相に」と叫ぶ聴衆の熱狂ぶりといえば、こちらはトランプの集会とそっくりである。

イグレシアスの演説が終わって帰路に就いた聴衆たちは、興奮冷めやらぬ様子で取材に

スペインの左派政党ポデモスの集会でイグレシアス代表が登壇すると、支持者らは熱狂的な声援を送った。

応じた。

「スペインの中流はもう消えてしまった」。

経営するリフォーム会社が倒産したという
マリア・ホセペコさん（五七）は怒りを込めて話した。「私たちはみんな仕事や家を失った。庶民はみんな猛烈に怒っている。今の政治家は私利私欲ばかりの特権階級になっている。ポデモスのおかげで、みんなそれに気づき始めた」

ポデモスの隆盛の背景にあるのは、格差拡大と中間層のやせ細り、そして若者たちの不公平感という、これもまた各国のカーボンコピーのような現実である。若年失業率が五割近くにもなるスペインだが、日本と同様、債務超過のために打てる手は限られている。そんな状況で、ポデモスはEUの課した緊縮財政に反対している。

貧困に落ち込む人々に視線を向け、再分配を重視するポデモスの主張は理にかなっているように思える。移民をスケープゴートにしようとする右派ポピュリズムよりもはるかに前向きな考えであり、筆者も親近感を抱く。だが、その半面、腐敗した政治家やEUという「敵」を作り上げる政治手法は、他国のポピュリズム政党と極めて似ている。その核心は、人々に怒りの感情を呼び起こすことだ。怒りのエネルギーは、ランプから飛び出した魔神のように既成政治の否定へと向かう。

「今あるものを壊すことだけが目的のような投票行動が広がっている」と同国の保守系テレビキャスター、ハビエル・アルガラは解説した。興味深かったのは、左派ポピュリズムの負の側面を指摘するのに、南米諸国の政治状況を引き合いにしたことだ。ベネズエラの故ウゴ・チャベス元大統領をはじめとする南米諸国の左派ポピュリズム政権の帰結について、同じ言語圏であるスペイン人の識者は熟知している。そのため、「このままでは南米に見られるような左派による独裁政権が生まれかねない」との懸念は強いのだという。

「何百万人という若者たちが仕事を見つけられずにいる。この我が国の経済の惨状が、ポデモス台頭のエンジンとなっている。今の政権を無能だと否定し、彼らなら何かやってくれるはずだという有権者の期待を盛り上げている。人々は、今あるものを壊したいだけなのではないか」

スペインに限らず、この欧州取材で何度となく聞いたのは、「ステータス・クオ（現状）の打破」という言葉だ。有権者の怒りは、社会に分断を生むと同時に、現状打破のエネルギーとなって既成政治を脅かしている。

ポデモスを立ち上げた指導者たちの一部は、政治学などを専攻する大学教授だった。スペインでは、「大学の実験室で作り上げられたポピュリズム政治」とも形容されている。指導者たちが所属していたスペインの名門マドリード・コンプルテンセ大学政治学部のホルへ・ビルチェス教授は、ポデモスの手法について、こう語った。

「人々の不満や要求を吸い上げ、正しいのはあなたたちだと言う。このポピュリズムの手法は右派も左派も変わらない。主語が違うだけで、言っていることは世界各国同じ」

「ポピュリズムは、あらゆる民主主義に眠っている。年金の引き上げなど、ばらまきの甘い汁を選挙戦で訴える政党は、どこの国にもある。それに加えて、今の困難や苦境はすべて『特定の勢力』のせいだと主張し始めた段階で、それはポピュリズムへと化す」

米国や欧州各国で起きていることは、選挙戦を通じた有権者の意思の表明であり、民主主義にのっとった正当なものであることは間違いない。だが、どの政治家たちも、同じような口調で、同じような言葉を発していたのも確かだった。

「あいつらが敵だ」と。

選挙というリスク

欧州各国ではその後も、政治の混乱とポピュリズム政党の台頭が続いている。

オーストリアでは、二〇一七年一〇月の総選挙で、三一歳のクルツ党首率いる中道右派の国民党が第一党となった。さきに取り上げた極右政党の自由党も過去最高水準の票を獲得し、連立を組んで政権入りすることが決まった。両党はEUに対する立ち位置こそ違うものの、総選挙で反移民・難民を主張し、自国ファースト的な政策を掲げていることでは共通している。

英国では、ＥＵ離脱の国民投票の頃と比べると風向きが逆になった。保守党から首相についたテリーザ・メイが総選挙の前倒しを決めたのは、ＥＵとの離脱交渉を本格化させる前に自党の勢力を増やして政権基盤を固めるためだったが、それが裏目に出た。

一七年六月の総選挙で、最左派のジェレミー・コービン党首のもとで大学無償化などを訴えた労働党は、与党保守党を過半数割れに追い込んだ。急進的な左派が支持を集める様は、アメリカのサンダース、スペインのポデモスを思い起こさせる。欧州各国で、国民はまるで真ん中を避けるように極端な右派、左派に支持を寄せている。

ポデモスが躍進したスペインでは同じ年の一〇月、カタルーニャ自治州が独立の是非を問う住民投票をし、独立派が勝利した。スペイン政府は州の自治権を停止し、国民国家の分断が現実のものとなっている。カタルーニャは同国の中でも裕福な地方であり、住民たちの郷土愛という情念に訴えて支持を集める点で、独立運動は一種のポピュリズムだという指摘もある。

ルポで取り上げられなかった国々でも、ポピュリズムの胎動が目立つ。二〇一七年三月のオランダ総選挙では、反ＥＵと反移民を主張する極右政党の自由党が躍進して大きく議席を伸ばし、第二党の座をつかんだ。世界中から注目された同年五月のフランス大統領選では、極右の国民戦線のマリーヌ・ル・ペン党首が決戦投票まで残った。結局、中道のエマニュエル・マクロンが大統領となったが、弱冠三九歳の無所属候補を国家指導者に選ぶという行為は、既存の政治への強い反発を想起させる。一九八〇年代から交互に政権を担ってきた中道右派、中道左派の二大政党がどちらも決選に残れなかったことで、既成政党の敗北が強く印象付けられた。

主要国の中で例外的に政治が安定しているとみなされていたドイツでも波乱は起きた。与党が順当に勝つ選挙になると予想されていた二〇一七年九月の連邦議会選挙では、アンゲラ・メルケル首相率いる与党キリスト教民主・社会同盟が第一党を維持したものの、連立相手の社会民主党（SPD）とともに議席を大きく減らした。第三党に躍り出たのは、反移民、反イスラムを訴える「ドイツのための選択肢（AfD）」である。戦後のドイツで右翼政党が国政に進出したのは初めてのことだ。

メルケル首相による難民の大量受け入れは、予想以上に有権者の不満を醸成し、社会に大きな亀裂が広がった。一方でヒトラーの人種政策を連想させる排外的右翼政党に対する反発も激化し、投開票日の夜には、ベルリンで数千人の市民が反ＡｆＤのデモに参加、「ナチは出て行け」と叫んだ。

二〇一八年に入ると、三月のイタリア総選挙では、左派が支持する新興政党「五つ星運動」が第一党に躍り出た。反移民を掲げる極右政党の「同盟」も第二党の座を奪い、ここでも既成政党は敗北を喫する。三カ月に及ぶ混乱と政治空白の末に誕生したのは、この左右ポピュリズム政党による連立政権だった。

欧州各国では、民意を問う選挙そのものがリスクと化している。投票行動が社会の分断を露にし、その裂け目をさらに押し広げる。

ホルヘ・ビルチェス（マドリード・コンプルテンセ大学教授）　二〇一六年六月

――欧州でポピュリズム政治が台頭しているのはなぜでしょうか。

ポピュリズムを生む構造的要因は、政治家の腐敗、政治への不信、経済危機の三つです。欧州の場合、「国家は人々の権利を守らなければならない」というメンタリティーが根強く、イデオロギーにかかわらず、すべてのポピュリスト政治家は「腐敗した政治によって壊された国家共同体の再生」を主張します。加えてスペインでは、富裕層に対する復讐《ふくしゅう》心《しん》が、民衆の心情の根にあると言えます。

――国によってポピュリズムのメカニズムに違いはありますか。

ほかの欧州諸国とスペインを比べると、違いよりも似ている点が目立ちます。共通点として挙げられるのは、リベラルデモクラシーへの懐疑と、ＥＵに象徴される欧州主義への反発、そして「エリート政治家と外国によって我々の美徳が汚された」という情念です。

注意しなければいけないのは、ポピュリズムはイデオロギーではなく、政治のやり方だということです。左派ポピュリストは「人々」や「人民」の名の下にコミュニティーの再生を目指し、富裕層の特権を批判します。一方で、右派は「民族」の心髄に基づいて共同体を再建しようと訴え、こちらは移民や難民を攻撃します。ですが、結局、右派も左派も「自分たちは人民の意思の代弁者である」と主張し、左右より上下の区別を強調する点では同じです。主語は違っても、言っていることは世界各国で似通っています。

――ポデモスとはどんな政党ですか。

ポデモスを創設した人たちは、私も所属している大学の研究者たちでした。「自分たちこそが民衆の代表である」と訴える社会運動型政党と言えるでしょう。「スペインには社会主義ポピュリズムが生まれる余地がある」と彼らは事前に分析しており、実験室の中で生まれた政党とも言われています。演説の言葉遣い、代表の服装に至るまで、一つ一つを計算し尽くしている。今のスペインでは政治腐敗が進んでいることから、「あいつらが敵だ」と指を差すことで有権者から大きな支持を得ることも分かっています。敵を明確にするという点で、フランスやアメリカで起きていることと共通項があると言えます。

――ポピュリズムには良い点もありますか。

前向きに評価するとすれば、ポピュリズムは特定の政治勢力を一掃し、改革を断行する起爆剤となり得ることが挙げられるでしょう。しかし、私はリスクの方が大きいと考えます。例えば、南米ベネズエラで起きたことを考えてみましょう。反米左派の故チャベス元大統領は一九九〇年代終わりに改革への期待から圧倒的支持を得て当選しますが、権力を握ると独裁化し、無制限の再選が可能になるよう憲法改正をしました。急進的な社会主義的経済政策が破綻して、今では多くの国民が国外に脱出しています。

――ポピュリズムの背景には何があるのでしょうか。

よく言われることですが、グローバル化による中間層の貧困化がポピュリズムの温床だと思います。格差に苦しむ人々は国家による保護を求めがちですが、それを受け入れて実現が難しい約束をし、特定の対象を敵視する政治勢力が出てきたら、それこそがポピュリズムです。このスタイルや言葉遣いはほかの政治勢力に伝染する。ポピュリズムはあらゆる民主主義に眠っています。例えば、「年金を引き上げます」とばらまきの甘い汁をうたう政党はどこの国にもありますが、これに加えて、「今の困難や苦境は特定の勢力が搾取したからだ」「人間の尊厳を取り戻すために年金を上げることを約束する」などと主張し始めたら、その段階でポピュリズムと化すのです。

〔Jorge Vilches〕

一九六七年生まれ、スペインのマドリード・コンプルテンセ大学政治学部教授。政治思想史、社会運動史を教えている。左派政党ポデモスの創設者らと同じ大学に在籍するが、同党に批判的な立場からスペインメディアで発言を続けている。

第四章　警鐘　二〇一七年〜現在

トランプ勝利目前のニューヨーク市内の様子。

ドナルド・トランプは、本当にアメリカ合衆国の大統領になる気があったのだろうか。

米大統領選から約一年が過ぎた二〇一八年一月五日、トランプ政権の内幕を暴露した本『Fire and Fury: Inside the Trump White House』（邦題『炎と怒り――トランプ政権の内幕』関根光宏・藤田美菜子・他訳、早川書房、二〇一八年）が発売された。ノンフィクション作家のマイケル・ウォルフが本人や側近らのべ二〇〇人以上に取材したという触れ込みのこの本は、大統領の最側近だったバノン前首席戦略官が大統領の親族らを批判している内容や、トランプ側が出版社に出版差し止めの通告書を送ったことなどで話題となり、全米の本屋で売り切れが続出した。

トランプとその家族の醜聞や無能さを示すエピソードが山ほど書かれた同書の中で、とりわけ注目すべき部分がある。

大統領選の当夜、「当選確実」の速報が全米のテレビで伝えられたとき、トランプ本人は、まったく予想外のことが起きたと言わんばかりに、「幽霊を見たような」呆然《ぼうぜん》とした表情をした、というのだ。

「ドナルド・トランプは大統領になりたくなかった」と題された同書の紹介文を、筆者のウォルフ本人が「ニューヨーク・マガジン誌」に寄せている。それによると、トランプもその家族も勝利はまったく想定しておらず、単に大統領選を通じて名前を売ることが目的だったのだという。

「（大統領選投開票日の）午後八時過ぎ、『本当に勝つかもしれない』という予期せぬ情勢がもたらされると、トランプはまるで幽霊を見ているかのようにみえた。（息子の）ドン・ジュニアがそう友人に語っている。夫人のメラニアは涙を流していたが、それはうれし涙ではなかった」「トランプの究極の目標は勝つことではなかった。（選挙戦を通じて）『私は世界で最も有名な男になれる』と側近に語っていた」

トランプ本人は同書を「インチキ本」と批判しており、内容の真偽のほどは分からない。だが、十分にあり得ることだと思う。自分がこの超大国のトップになるとは、候補者自身もまったく考えていなかったのだろう。

イカロスの翼

このエピソードを知って、ポピュリスト政治家は〝蜂〟であるというたとえ話を思い起こした。「反知性主義（アンチ・インテレクチュアリズム）」という概念を説いたことで知られるアメリカの歴史家、リチャード・ホフスタッターが生前、著述に残している。ヒトを一度刺すと針が取れて死んでしまうミツバチのように、ポピュリスト的な政治家が人気を博しても、すぐに表舞台から消えていく。本人ですら大統領になる気がなかったらしいトランプ政権の姿を予知していたかのようである。

同様のことは、多くの研究者も指摘している。前にも引いた北海道大学教授の吉田徹は、ポピュリストをギリシャ神話の「イカロス」にたとえる。高く飛んで太陽に近づき過ぎたイカロスが、その熱で羽根を固めた蠟《ろう》が溶けて墜落するように、ポピュリストも権力に近づき過ぎると、その飛翔の力を失う、というのだ。

「既存の民主主義とは違う回路で殴り込みをかける動きがポピュリズムだが、これは異議申し立て、何かに対するアンチの政治でしかなく、決して持続可能なものではない。イカロスの翼のように、権力に近づき過ぎると失速する」

このたとえを借用すれば、トランプは合衆国大統領という世界最高の権力の座を射止めたものの、羽根をつなぎとめていた扇動や虚偽が溶け始め、それでもふらふらと飛び続けている……ということになるだろうか。政権の中枢ポストの首を次々と切ってきた様は、確かに自らの羽根をそぎ落としているようにも見える。

トランプのアメリカ大統領としての不適格性を示すエピソードは枚挙に遑《いとま》がないが、二〇一八年一月に立て続けに投稿された『炎と怒り』に対する本人の反論ツイートは、ダッチロール状態で低空飛行を続ける権力者の精神状態に、大きな懸念すら感じさせた。

「私は、〝すごく〟成功したビジネスマンからテレビの大スターになり、そして大統領になった（初挑戦で）。これは頭がいいというだけではなく、天才だということを示していると思う。それも、すごく安定している天才だ！」

自分は天才である、と幼稚な表現で言い放つような人物が、世界最強の軍隊の最高司令官であり、核ミサイルのボタンを手にしているという事実に背筋が寒くなる。トランプは果たしてアメリカ大統領の執務をこなすことができる知的状態といえるのか、このツイートは改めて疑念を呼んだ。

一〇〇年前との相似

このような人物を大統領に押し上げたアメリカ国民の意思とは何だったのか。最終章で改めて、これまで世界各国をめぐって報告してきた「有権者の乱」ともいうべき現象について、その意味するものを考えていきたい。

本書では序章から、ポピュリズムという言葉をたびたび用いてきた。人民主義、大衆迎合政治とも訳されるポピュリズムは、近年の政治現象を表現するのに多用されている。この単語を使えば、理解しがたい選挙結果や特定政治家の人気の理由などを一言で説明した気になることは否定できない。自らもポピュリストと名指しされることが多い元大阪市長の橋下徹《はしもと》は、「ポピュリズムという言葉で自分たちと異なる価値観の政治を批判するのは間違っています。それは自分の考え以外は間違いだと言っているだけ」（二〇一六年一二月四日付朝日新聞GLOBE）などと批判している。

それでも、ポピュリズムという概念は今、極めて重要な意味を持っていると私は考える。

この言葉がなぜ生まれ、何を意味するのかを改めて簡単におさらいしておこう。

ポピュリズムという単語が広まったのは、トランプ現象から遡ること一〇〇年以上、一九世紀末のアメリカだった。一八九二年に創設され、二大政党制に挑戦した第三の政党「人民党（People's Party）」が、別名としてポピュリスト党と呼ばれたことに由来する。

当時のアメリカでは、工業化と市場経済の発展によって、一部の資本家、独占企業、大規模農業経営者らと、農村や都市の一般労働者との激しい格差が顕在化していた。つまり、格差拡大に苛まれる二一世紀初頭の先進各国と類似した社会状況にあった。そんな中、農民たちの団体が基盤となって生まれた人民党は、大規模資本側に立つ民主、共和両党のエリート支配を激しく批判し、連邦議会に議員を送り込むことに成功している。

「経済的不平等で痛みを感じている人々がいるのに、それを代表する政党も労組も組織もないとき、ポピュリズムは生まれやすい」とアメリカにおけるポピュリズム研究の第一人者、ジョージタウン大学教授のマイケル・カジンは取材に語った。

現在の先進各国でも、生活苦を感じ、既成政党に疑問を持つ人が急増している。約一二〇年前のアメリカ社会と現代先進国の経済状況は相似形をなしており、そんな不平等社会という孵卵器《ふらんき》から、やはりよく似たポピュリスト政治家たちが誕生した。

「人々」とは何者か

人民党の登場以降、世界各地に姿を現したポピュリズムを検証し、研究者たちはいくつかの共通点を挙げている。前出の吉田徹は、古今東西のポピュリズムと言われる政治の特徴を抽出し、それは「イデオロギーではなく手法」であると述べる。

カリスマ的な政治指導者が、政党や議会などを経ずに、幅広い有権者に直接訴えるスタイルを採る。その指導者は、門外漢や異端者、アマチュアといった立ち位置を鮮明にして、「一般庶民の味方」であることを演出する。

腐敗した既存勢力（エスタブリッシュメント）、政治エリートや特権層を批判するのも、ポピュリズムに見られる共通項だ。多くの場合、社会のタブーを破ることで注目を集め、敵である「やつら」と味方である「私たち」を明確に切り分けて支持を得る。

今まで見てきたトランプや欧州のポピュリスト政治家たちの振る舞いを見ると、これらの特徴の多くが当てはまることが分かる。

そして、ポピュリズム政治は「人々」の側によって立つという姿勢を前面に押し出す。エリートや既得権益層批判も、すべて「人々」の名の下に行われる。

そもそも、ラテン語の「人々（ポプルス）」から派生したのが、ポピュリズムという言葉である。英語で言えば、「ピープル」だが、現代のポピュリスト政治家たちも、この言葉を実に頻繁に口にしている。代表的な例を挙げれば、トランプは、大統領就任演説の中で「ピープル」を一〇回繰り返した。

「二〇一七年一月二〇日（注：就任式の日）は、ピープルが再び、この国の支配者になった日として記憶される」

では、「ピープル＝人々」とは何者か。ポピュリストたちが口にする「人々」は、過去の民主主義において強調された「人々」という言葉とは違う使われ方をしている。奴隷解放の父、アメリカのリンカーン大統領が一八六三年に行った有名なゲティスバーグ演説、「人民の、人民による、人民のための政治」の「人民」（原文ではピープル）と、トランプが多用する「ピープル」は、理念も意味するものも異なっている。

それは端的に言えば、人々という言葉に「包摂」の理想を込めるか、それとも「分断」

の底意を忍ばせるかの違いである。トランプが指しているのは、序章で書いたように、特定の「人々」だ。アメリカには多種多様な人種、民族、社会階層の人々がいるが、大統領選の出口調査で明瞭に示され、本書でも指摘してきた通り、トランプを熱狂的に支持した人々の中核は地方に住む大卒未満、中間層以下の白人だった。

CNNの出口調査によると、トランプに一票を投じた有権者は白人の五七％を占めた。白人のうち男性に限定すると六二％、大卒未満の学歴では六六％となる。一方で、クリントンに投票した有権者は、黒人やヒスパニック系などの非白人（七四％）、一八歳～四四歳までの世代（五三％）、そして女性（五四％）で半数を超えた。

この大統領選は、イデオロギーや党派間の争いというより、単純に人口構成上の対立と表現した方がいい結果になった。米国社会という地盤に断層のように走る人種と階級の分断、さらにはジェンダーギャップの上に、トランプは足場を築いた。

筆者が駐在していたニューヨークは、トランプの出身地かつ居住地にもかかわらず、大多数の有権者が反トランプ派だったことは前にも紹介した。この都市に本拠を置く多くの主流メディアもまた、同様の立場だった。ニューヨーク・タイムズ紙を筆頭にしたリベラル派は言うまでもなく、CNNなどの中道派もトランプと全面的に対立し、ウォール・ストリート・ジャーナルなど保守色の強いメディアもトランプと距離を置いた。

この傾向はニューヨークに限らない。首都ワシントン、シカゴ、ロサンゼルス、サンフランシスコなどの大都市に住んで金融やIT、文化産業などの知的労働に就き、既存のクオリティーペーパーから情報を得るようなアメリカ人の中で、トランプに共感、好感を持っていた有権者は少数だったに違いない。それは共和党支持者でも同様だっただろう。

大統領選当日の夜、トランプ当選の可能性が高まると、ニューヨークは恐慌に陥った。ニュース番組のキャスターたちは当惑を隠せず、ヒラリー・クリントンの勝利を祝うつもりで繁華街のタイムズスクエアに集まった市民たちの多くも、茫然《ぼうぜん》自失《じしつ》の体だった。

こういった市民は、トランプの言う「人々」には含まれていなかったのだ。

うごめく白人至上主義者

トランプが浮かび上がらせたのは、人種、所得階層、居住地域などの違いによって、アメリカ国民の間にぱっくりと開いた裂け目だった。その分断をさらに広げかねない出来事が、大統領選直後から目立ち始める。トランプの大統領就任は、白人至上主義者と呼ばれる人々にまるで「市民権」を与えたかのような効果をもたらしたのだ。

「ヘイル　トランプ（トランプ万歳）」

演台の男性がマイクで叫ぶと、出席者が応える。

「ジーク　ヘイル（勝利万歳）」

まるで独裁者ヒトラーをたたえるように、右手を高々と挙げる者もいる。二〇一六年一一月、トランプが勝利した大統領選直後に、白人至上主義グループ「オルトライト」が首都ワシントンで開いた会合での風景だ。

「我々は社会から認められた」。代表のリチャード・スペンサーは高揚感を隠さない。約二〇〇人の参加者から一斉に拍手が湧く。ほぼすべてが白人の若い男性だった。

日本では「オルタナ右翼」とも呼ばれるオルトライト。英語での語感は「もう一つの右派」といったところで穏健な印象もまとうが、実際は有色人種やＬＧＢＴ、女性への差別意識を隠さない集団である。

「我々は社会に疎んじられる傍流ではなく、まさに主流派になった。トランプは運動を勇気づけた」とスペンサーは「アトランティック誌」に語っている。「オルトライトは、トランプの勝利を白人国家の最初の一歩と考えている」と同誌は分析した。

オルトライトだけではない。大統領選直後、差別的な言動や暴力行為を指す「ヘイト事件」が米国内で急増した。米南部貧困法律センターによると、大統領選後のわずか一〇日間で八六七件の嫌がらせや脅迫が報告された。対象は移民や黒人、性的少数者だ。

例えば、「アメリカを再び白人のものに」という言葉とナチスのカギ十字の落書きが、ニューヨーク州で見つかった。コロラド州では、一二歳の黒人少女が「トランプが大統領になった今、おまえとすべての黒人を銃撃する」と脅された。テキサス州ダラスでは、ヒスパニック系男性が「メキシコに帰れ」と白人の高齢者に罵倒された。

さらには、白人至上主義者たちの高揚が、それに反対する人たちとの直接的な対立と暴力にまで発展した。バージニア州の都市で二〇一七年八月、「米国を取り戻せ」などと訴えたグループが、抗議する反人種差別グループと衝突。白人至上主義者側が車で突っ込み、反対派の一人が死亡した。この事件で、「両者に非がある」と述べ、人種差別団体への明確な批判を避けたトランプには、各界から強い批判が寄せられた。

白人至上主義者の台頭は、アメリカ社会に元々存在していた不連続線を露にした。第一章でも紹介したように、白人至上主義を信奉する人々はこの国に確実に存在しており、「人々」という言葉で社会に分断線を引くポピュリズムの手法は、この国の醜悪な部分を白日の下に晒《さら》す結果をもたらした。

トランプ支持者への視線

このような人種偏見を絶対に看過することはできない。多民族からなる国民の多様性を重んじ、それを発展の原動力としているのが現在のアメリカ社会である。反移民感情や排外主義は、この価値観とはまったく相容《あいい》れず、トランプが体現する不寛容さと排除の論理に対して全米で起きた強いプロテストの動きには深い共感を覚える。

その一方で、私は何か割り切れなさ、引っかかりを感じ続けている。トランプを大統領に押し上げた支持者たちについてどう考えるか。ポピュリズムの手法が囲い込む「人々」にどのような視線を向ければいいのか。この大統領選を始めから終わりまで見てきた者として、一筋縄ではいかない思いに囚《とら》われる。

トランプが「人々」と呼びかける地方在住、低学歴、中流以下の白人たちを第二章で紹介した。メディアなどを通じて描かれる彼ら、彼女らの姿は、ときに一面的になりがちだ。自分たちが職を失ったのは移民のせいだと思い込み、自由貿易がアメリカの産業を衰退させたと考える。知性と教養に欠け、トランプが唱える自国中心主義や反移民のプロパガンダを簡単に信じ込むような人たちなのだと。

疲弊する地方の貧困白人たちが「ホワイト・トラッシュ（白いゴミ）」などと蔑まれてきたことを思い返して欲しい。成功は本人の努力次第だという競争原理を多くの人が信奉しているアメリカ社会では、中流からこぼれ落ちる人々への視線は決して温かくはない。

加えて、前記のような人種偏見によるヘイトクライムの頻発や、一部の白人至上主義者の過激な主張が耳目を集め、トランプ支持者たちをさらに、分断線の「向こう側」へと押しやる。

トランプに喝采を送った人々が抱えるものは、中間層からこぼれ落ちそうになっている不安と怒りだった。その主張が誤解と思い込みに基づき、論理的に破綻していたとしても、経済的不平等によって現実に痛みを感じ、自分たちは置き去りにされていると考える

「人々」がいることは紛れもない事実である。その心情を想像してみれば、彼らが「最後の手段」としてトランプに縋《すが》り付くしかなかった理由が見えてくる。

トランプ支持者の「絶望」を理解しようとしているアメリカの識者もいる。首都ワシントンに住む政治評論家のアンドリュー・ドラン（四二）は大統領選の直前、「なぜトランプのような『怪物』が支持されるのか」と友人が嘆くのを聞いて、こう考えたという。

これはまるで、「フランス革命の前夜」のようだ、と。

ホワイトハウスとアメリカ政府、連邦議会が集まるワシントンは、「ベルサイユ宮殿」に似ているとドランは語る。

「まるでフランス革命当時の貧農のように人々が苦しんでいるのに、ワシントンの住人はまったく気づいていない。二〇〇年近く前にアメリカを訪問したフランス人のトクヴィルは、人々の個人主義と自治に感銘を受けて、名著『アメリカの民主主義』を書いた。だが今日では、米国の政治はそんな『普通の人々』から遠く隔たっている」

トランプは米国への「罰」だったのではないか、ともドランは言った。

「ワシントンに見捨てられた人々が、今の政治家、エリートたちを罰することのできる人間を選んだ。トランプが自己陶酔的で能力がないことが事実だとしても、ほかに選ぶことのできる政治家はいなかったのだ」

鳴り始めた警報ベル

同様の視点からトランプ支持者を見つめる研究者はほかにもいる。アイビーリーグに名を連ねる名門、コーネル大学で政治学を教えるエリザベス・サンダースは、「トランプ当選は、民主主義の勝利です」と断言した。「選挙を通じて、民主主義がなすべきことをしただけ。声を持たなかった人々に、選挙が声を与えたということです」

コーネル大学のあるニューヨーク州北部のイサカは、ニューヨーク市から車で四、五時間の場所にある。広大な北米大陸を内陸側に少し入っただけで風景は大きく変わり、キャンパスの周囲には森林や農耕地が広がる。

周辺は第二章で紹介したラストベルトに近接し、産業の空洞化が進んでいる。コーネル大学でも、学内で働く校務員の多くが、以前は別の職業を持っていた人たちだという。農業従事者は輸入農産物との価格競争に疲弊し、多くの工場が撤退するか海外に移転した。

人々は生活の支えだけでなく、威厳すら奪われたのだとサンダースは話した。

「何の代償もなく、エリートはすべてを奪っていったと多くの人たちは感じている。自由貿易によって寂れた工業地帯に住んでいる人たちは、選挙という自分たちの不遇を表現する声を見つけたのです」

その「声」を聞いたのがトランプだったというのだ。

「自分たちは見捨てられている」と感じる人々がそれだけ多く存在していたからこそ、敵を指さし、エリートや既存政治家たちを批判するポピュリズムの言葉が強い吸引力を持った。いわば、トランプの存在は、そういった「人々」を可視化したに過ぎない。

「今や、エリートの世界と大衆の世界という二つのアメリカが存在する。それはほとんど重なることはない」とも、サンダースは語った。ニューヨーク市に代表される東西海岸沿いの大都市に住んで、経済的にグローバル化の恩恵を受けているようなエリート層には今まで決して見えることのなかった「人々」。それが、二〇一六年一一月、大統領選挙の日に突然、姿を現したのだ。

これは、英国でEU離脱を決めた国民投票や、ポピュリズム政党が躍進した国々の選挙も同様だ。選挙を通じて、「人々」は姿を現すのである。

前出の歴史学者、マイケル・カジンは、こうも話していた。

「政府は経済を統制できず、救済を必要としている国民を助けようともしないと、人々は悟った。既成政治への不安と怒り、叫びこそが、米欧で起きている現象の理由だ。今起きていることは、たとえれば『真夜中の警報ベル』のようなものであり、煙が上がっている、火事だ、と私たちに伝えている」

トランプの支持者たちを蔑視し、糾弾すること。英国のEU離脱に賛成した英国民たちをとがめ、非難すること。それは、鳴り始めた「警報ベル」に、うるさい、耳障りだと文句を言っているようなものなのかもしれない。今、必要なのは、火元に目を向けることなのにもかかわらず。

反知性主義の伝統

ここで、トランプ現象の後景に存在した、アメリカに特徴的な他の要因についても簡単に触れておきたい。この国が建国以来、その身に抱え込んでいるマグマのような熱源といってもいい。

一つは、英国からの独立を勝ち取り、元植民地の集合体として生まれたアメリカにとって、ある意味、本能ともいうべき、「反中央集権」「反ワシントン」のエートス（慣習、行動規範）である。二〇一〇年の中間選挙で民主党とオバマ前大統領を苦しめたティーパーティー運動、国家の干渉を最大限排除しようとするリバタリアン（自由至上主義）、ひいては共和党の中心理念である「小さな政府」も、この流れにある。

公共事業の拡大を主張するトランプの政策は必ずしも「小さな政府」の理念には収まらないのだが、それでも明らかに、「反ワシントン」というアメリカ民衆の本能は、この政界アウトサイダーへの期待の一部として流れ込んでいた。

もう一つ、組織や政党を介在しない、素朴で世俗的な情念の高まりが、トランピズム（トランプ的ポピュリズム）の内部には存在していた。それは、先述した歴史家、リチャード・ホフスタッターが唱えた「反知性主義」だ。

米国の基層にやはり建国時から染み透っている「反知識層の思想的流れ」とでも言えばいいだろうか。インテリ、知識人が述べる小難しい理屈や学問などよりも、実践を通じて培われた民衆の考えの方が、より真理に近づけるという信念である。アメリカのポピュリズムを考えるとき、この概念は欠かせない。

大統領選でトランプの対立候補となったヒラリー・クリントンは、名門大卒の極めて優秀な弁護士であり、大統領夫人、上院議員、そして国務長官という華々しい経歴を持つ。過去の大統領選候補者と比べても、そのキャリアはずば抜けているといっていい。だが皮肉なことに、少なくないアメリカ人は、知識層のエリート臭、インテリの権威主義を彼女から嗅ぎ取った。地下水脈から染み出る「反知性主義」の小さな湧き水が、いつの間にか滔々《とうとう》たる大河になり、トランプを大統領の座へと導いたというイメージが浮かぶ。

昨今の日本では単に、「知性的、理性的、実証的なものに反発する傾向」を指して反知性主義という言葉が使われることが多いが、本来は否定的なニュアンスだけではなく、反権威主義や民衆への信頼という含意も持っている。国際基督《キリスト》教大学教授の森本あんりは、著書『反知性主義——アメリカが生んだ「熱病」の正体』（新潮選書、二〇一五年）で、「本来『反知性主義』は、知性そのものでなくそれに付随する『何か』への反対で、社会の不健全さよりもむしろ健全さを示す指標」だと解説している。

共通する格差社会化

ここで視野を広げて、アメリカ大統領選で観察されたことが、世界各国の現象とどう通底するのかを改めて考えたい。

先進各国で、既存の政治体制を揺るがすほどの巨大な不満が国民に溜まっている。もちろん、その理由は同一ではなく、各国固有の事情が深く絡み合っているが、共通の条件は抽出することができる。

アメリカでは、中間層の白人たちの不安と焦りがトランプ大統領を生む大きな原動力になったことを見てきた。その波乱をもたらしたのは、誰もが努力すれば豊かになれるという「アメリカン・ドリーム」の終わりであり、世代を超えた所得格差の固定化だった。EU離脱の国民投票で揺れた英国でも、ポピュリズム政党が台頭する欧州各国でも、同様に不平等の広がりがあった。日本でもまた、二〇〇〇年代から格差社会化、若年層の貧困化が進んだ。

各国でほぼ同時に発生しているのは、グローバリゼーションがもたらす「富の偏在」である。例えばアメリカは、ほかの先進諸国と比べて経済が好調であっても、その恩恵にあずかる層は極めて偏っている。サンダースが演説でしばしば取り上げたように、米国の上位二〇人は下位の五〇％と同じだけの富を所有しているとされる。

ダボス会議を主催する世界経済フォーラムは二〇一四年、「今後一〇年間で世界全体に影響を及ぼす可能性が最も高いリスク」を各界識者七〇〇人以上に聞いたところ、最も多かった回答は「所得格差」だったと発表した。ビジネス界、政界、学界におけるリーダーたち、世界のエスタブリッシュメント層も、世界各国の格差拡大とその固定化が最重要の問題だと認識している。

最近でも、国際NGOのオックスファム・インターナショナルは、二〇一七年に新たに生まれた富のうちの八二％を世界の一％の富裕層が独占した半面、世界の人口の下位五〇％が手にした富は一％に満たなかった、という推計を発表した。世界経済は富裕層だけに有利になるよう歪められていると同団体は指摘する。

象のカーブ

この格差拡大が先進諸国にとって何を意味するのか、如実に表したグラフがある。

エレファントカーブと呼ばれるそのグラフは、冷戦終結期からの二〇年（一九八八年から二〇〇八年）の全世界の個人所得の伸び率を縦軸に、所得水準を横軸にして示したものである。まるで象を横から見たシルエットのように見えることから、この名が付けられた。象の背中から鼻の付け根にかけていったん下がり、鼻のさきに向けて再び上昇する曲線を思い浮かべていただきたい。

グローバル化の進展によって、世界で所得を大きく伸ばした人たちと、逆にほとんど収入が増えなかった人たちがいる。つまり、このカーブは、中国やインド、東南アジアなどの新興国の大衆層（象の背中）と、世界各国の富裕層（鼻のさき）が大きく所得を増やした一方で、先進国の中間層（鼻の付け根の谷間）が伸び悩んだことを意味している。

収入面でグローバル化の恩恵を受けず、最も割を食ったのは、アメリカや欧州各国、そして日本のような国に住む、ごく普通の人たちだったのだ。

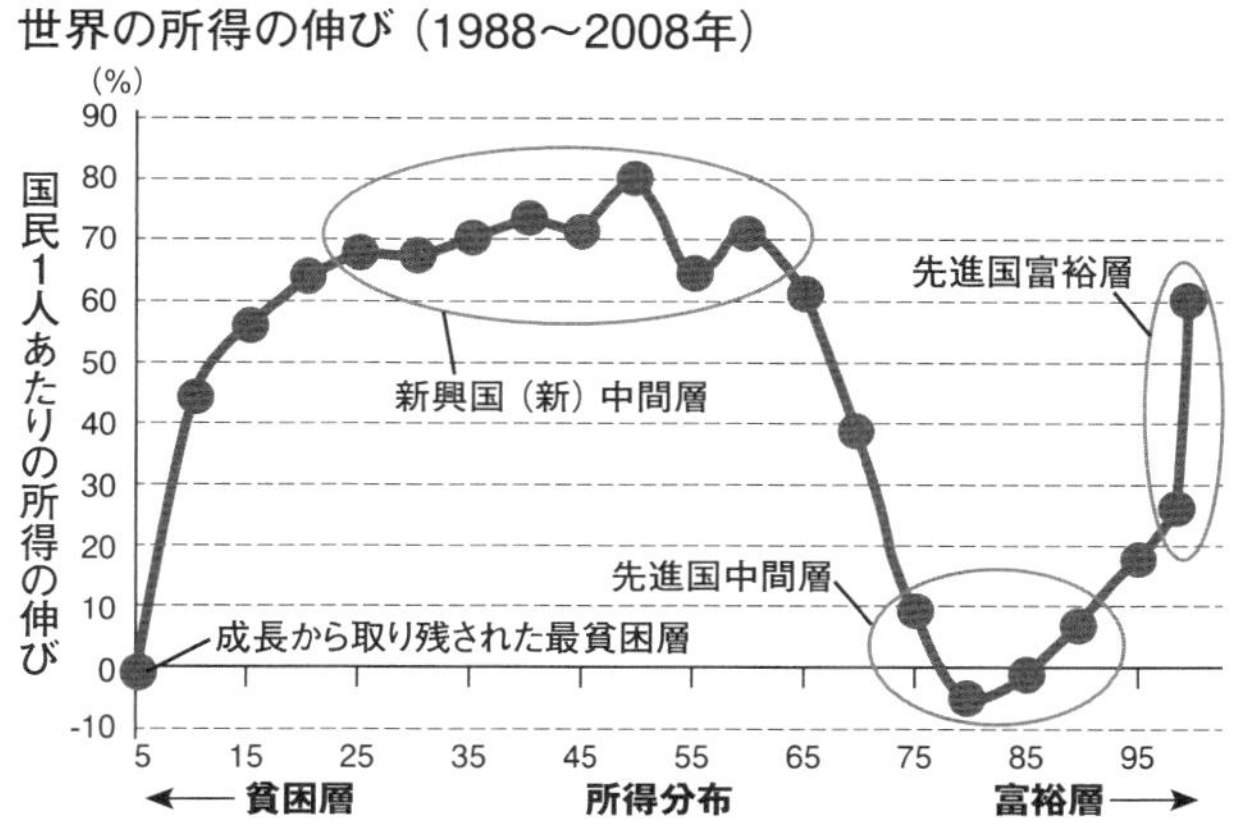

エレファントカーブと呼ばれるグラフ。1988年から2008年にかけて、所得の伸びを縦軸に、所得分布階層を横軸にして作成（世界銀行の資料から）

この象グラフを発表したのは、元世界銀行エコノミストのブランコ・ミラノヴィッチだ。著書の『大不平等――エレファントカーブが予測する未来』（立木勝訳、みすず書房、二〇一七年）で、グローバル化がもたらす格差について分析している。

この曲線から読み取れることは両義的である。

国家の枠を超えて俯《ふ》瞰《かん》すれば、人口の多い新興国の国民が所得を伸ばしたことで世界規模の格差は縮小し、中国やインドなどに新たな中間層が生まれたことをグラフは示している。このトレンドは、決して否定すべきことではない。

貧困の撲滅などを目標にして、国連が二〇一五年を期限にして策定した「ミレニアム開発目標（ＭＤＧｓ）」は、「世界の一〇億人以上が極度の貧困状態から抜け出した」として、成功裏に終わったと報告されている。これは、主に中国やインドの経済成長によってもたらされた。

言い換えれば、グローバル資本主義は、世界を以前よりも「平ら」にした。ニューヨーク・タイムズ紙のコラムニスト、トーマス・フリードマンが二〇〇〇年代に書いたベストセラー『フラット化する世界――経済の大転換と人間の未来』（伏見威蕃訳、日本経済新聞社、二〇〇六年）は、楽観的にグローバル化を礼賛した本だったが、この「フラット＝平ら」というキーワードは、一面の真実を突いていた。

一方で、先進諸国の国内問題として見ると、話は簡単ではない。新興国との価格競争に負けた国内の製造業が衰退し、中間層を形作る多くの国民が職を失ったり、人件費の押し下げ圧力で賃金が目減りしたりしたことを「象カーブ」は示している。

こう考えると、トランプ大統領が選挙戦で強調したことは、実に的を射ていたことが分かる。「工場を国内に取り戻す」というスローガンは、地元の工場が中国やベトナム、隣のメキシコへと移転していくのを目の当たりにした人々にとって、ど真ん中の直球だったのである。

第二次世界大戦後の米欧日では、分厚い中間層の存在が政治体制の安定を担保してきたが、そのスタビライザー（安定装置）は、この三〇年間で知らぬうちに根腐れていた。一握りの勝者と、それ以外の敗者。アメリカで起きたオキュパイ運動では「一％と九九％」とたとえられたが、この割れ目が先進主要国の国内で広がり続けることにより、政治的主張もまた極端なものへと分化していく。

巨視的に見れば、これが二〇〇〇年代に入って、各国でポピュリズム政治の横行と、それを支える「有権者の乱」が起きたことの背景にある。

日本におけるポピュリズム

グローバル化によって先進各国で中間層が崩壊し、ポピュリズム政治の跋扈《ばっこ》を許しているというなら、この社会変動は今の日本にどのように投影されているのか。それを実況見分してみよう。

二〇一七年秋の衆議院総選挙は、自民党の圧勝という結果に終わった。安倍晋三首相の率いる自民党は、民主党から政権を奪い返した二〇一二年以降、国政選挙で五連勝したことになる。メディアでは、この状況を表現して、「安倍一強」という言葉が使われてきた。この「一強時代」における日本社会に、先進各国で起きているような現象はどう映し込まれているだろうか。

近年の日本におけるポピュリズムの胎動を考える上で無視できないのは、小池百合子東京都知事が主導した一連の政治劇だ。安倍首相が「衆院解散」を表明した九月二五日、小池は自ら記者会見し、「希望の党」の設立を宣言した。その三日後、民進党は希望の党への合流を決め、事実上解体する。一〇月二日には、合流を拒否する枝野幸男らリベラル派が新党、「立憲民主党」を結成した。

遡ること数カ月前の東京都議選では、小池の仕掛けた「都民ファースト」旋風により、都議会自民党が現有五七議席の半分以下、二三議席と惨敗していた。選挙直前に急ごしらえで作り上げられた新党が有権者の期待を集め、既成政党を打ちのめす。この様子は、欧米のポピュリズム政党の伸長とだぶって見える。

希望の党の「しがらみのない政治」というスローガンは、「腐敗した既存勢力、政治エリートや特権層を批判する」というポピュリズムの特徴に幾分重なって聞こえるものだった。上意下達を鮮明にしたスタイルも、「カリスマ的な政治指導者」が有権者に直接訴えるという点で、多くのポピュリスト政治家を想起させる。

小池百合子という政治家に有権者の期待が集中する様を、最も間近で見た一人、東京都議の音喜多駿《おときたしゅん》(三四)は話す。

「今の時代、情報スピードが加速する一方で五年、一〇年先の将来は見通せない。だから青い鳥のような理想の政治がどこかにあると有権者は考えたくなるのでしょう」

自ら参加した地域政党「都民ファーストの会」への有権者の期待を肌で感じた。二〇一六年の都知事選最終日、池袋駅で小池が演説をした際、最前線で聴衆の殺到を押しとどめる役割をした音喜多は、その熱気に死傷者が出るのではとすら思ったという。希望の党の設立会見の直後は、「政権交代」という言葉が現実味を帯びて見えた。

だが、希望の党は「青い鳥」ではなかった。音喜多は党運営の不透明性を批判して離党し、期待をしぼませる役割の一端を担うことになる。

総選挙直前の週末となった一〇月七日、小池が街頭演説をした銀座の交差点に、私は足を運んだ。多くの有権者が、どこか品定めをするような目つきで、緑の服を身につけた新党首の声を聞いていた。

「期待？　うーん、本当に公約を全部実現してくれるなら。でも無理かな」と三四歳の会社員は話した。夫婦連れで演説を聞いていた六七歳の男性もやはり決めかねていた。「この解散には納得できない。希望の党に期待したいのだが、演説を聞いても、何か違う。ぴったりした人が出てこないね」

炎上した「積極的棄権」

結党会見があった日から投開票までわずか一カ月足らず。この間に、希望の党への期待のバブルは大きく膨らみ、すぐにはじけた。この一連の狂騒がもたらしたのは、民進党という政党の崩壊だった。前身の民主党から数えて二〇年以上の歴史を持ち、衆議院で九〇人近い議員を擁していた巨大野党が数日で消滅したことになる。曲がりなりにも三〇年近くにわたって続いてきた、政権交代可能な二大政党制を作り上げようとする試みも、同時に灰燼《かいじん》に帰した。

この流れに対して、「棄権」「白票」というかたちでの異議申し立てを試みた者がいた。思想家の東《あずま》浩紀（四六）である。「2017年秋の総選挙は民主主義を破壊している。『積極的棄権』の声を集め、民主主義を問い直したい」と題する呼びかけを選挙前の九月末、インターネットの署名サイトで始めた。

「安倍政権を肯定すること、極右志向でマキャベリストであることを隠さない小池百合子にすべてを任せること、そしてなにもかも反対することの三つしか選択肢がないというのは、おそろしく不自由なことではないでしょうか。こんな選挙などくだらない、そもそもこんな選挙をするのがまちがっている、すべてごめんだ、という権利が国民にはあるのではないでしょうか」

署名サイトでは五〇〇〇人以上が賛同したが、ツイッターなどでは激しい批判と非難にさらされた。左派、リベラル派とされる人たちからの反発が強く、その多くは「民主主義を否定する行為だ」という内容か、「投票率の低下も無効票の増加も、組織票を持つ大政党を有利にする」「与党の勝利に貢献する」という趣旨だった。

批判が集まることは予想されたのに、なぜ、こんな呼びかけをしたのか。東本人に話を聞くと、そこにはポピュリズムへの深い危惧があった。

「選べないのに無理やり選ぶことで、ポピュリズムに巻き込まれる。メディアも政局報道で盛り上がり、選挙というお祭り騒ぎに加担している。そこまで無理をして、投票すべきなのかと考えた」

現在の日本の状況は、諸外国と共通していると東は言う。

「有権者が求めるものは複雑なのに、選挙ではワンイシューで『友か敵か』の選択を迫られる。同様に、多くの国で二極化が進み、政治的主張がデジタル化して、極端な主張しか受けない状況になっている。民主主義や選挙が逆に社会を分断している」

弱者へ向かう攻撃

「青い鳥」を求める期待のポピュリズムの一方で、安倍一強時代に顕著となったものの一つに、トランプのアメリカ第一主義と二重映しとなる「愛国」感情の高まりが挙げられる。

二〇〇〇年代における小泉首相の靖国神社参拝当時と比べて社会の右傾化はさらに進み、ネット右翼という言葉はすでに日常語となった。慰安婦問題や植民地支配などの戦争責任を否定する歴史修正主義の言葉が横行し、その情念は、安倍晋三の「日本を取り戻す」「美しい国」というスローガンと共鳴した。

現在では、安倍政権を批判するだけで、「反日」「非国民」とネット上でレッテルを貼られる状況に至っている。欧米各国ではポピュリズム政党が受け持っている偏狭なナショナリズム感情の回収を、日本では現職首相が引き受けているように見える。

文化現象としては、第二次安倍政権を通して、「日本スゴイ」「日本は世界から好かれている」といったテーマのテレビ番組や書籍が雨後のタケノコのように世の中に出回ったことも特筆される。『「日本スゴイ」のディストピア――戦時下自画自賛の系譜』（青弓社、二〇一六年）の著者で、日本人論を研究する編集者の早川タダノリは言う。「何とか大国という言葉が氾濫しており、何でもかんでも日本を大国にしてしまっている。日本の自画像が肥大している」

政治と文化にまたがる「自国第一主義」の空気が、排外主義や他文化への不寛容、差別へと結びつきやすいのは、日本も諸外国と同様だ。ネット上における嫌韓中の差別的な書き込みが、「在特会」による路上での在日コリアン、外国人へのヘイトスピーチへと拡大していったのは、安田浩一著『ネットと愛国』（講談社＋α文庫、二〇一五年）によると、二〇〇七年頃からだった。

今や中韓や在日外国人への攻撃にとどまらず、その矛先は排外主義すら飛び越えて、日本国内の「少数派」「弱者」へと広がっている。米軍基地の過重負担を訴える沖縄の人々にヘイトと呼ぶしかない批判や攻撃が向かい始めたのは、ここ五、六年のことだ。

沖縄県内の首長や議員らが東京に集まり、米軍普天間飛行場の県内移設に反対する集会を開いた二〇一三年の初め、翁長雄志《おながたけし》知事を先頭に銀座で行進をした一行に、日の丸を振りながら罵詈雑言を浴びせる集団がいた。

「中国の日本侵略の手先は、日本から出て行け」

参加していた元県議で現沖縄県政策調整監の吉田勝廣《かつひろ》（七二）は、そのときのことを忘れられないと私に語った。半世紀近く前、東京で沖縄復帰運動のデモに参加したときは、逆に沿道から「頑張れー」と声援が起きたというのに、今ではまるで、沖縄を日本の外に出そうとしているかのようだ、と。

その後も、沖縄ヘイトは増え続けている。抗議活動を「テロリスト」と表現し、日当をもらって反対運動をしていると誹謗《ひぼう》したTOKYO MXテレビの「ニュース女子」の特集が、放送倫理・番組向上機構（BPO）によって「重大な放送倫理違反があった」と二〇一七年末に認定された。米軍基地の負担に苦しむ被害者である沖縄に、さらなるヘイトの追い打ちをかける動きは、マスメディアさえ巻き込んで広がっている。

満たされない多数派

ほかの例を挙げれば、弱者への攻撃として近年、目立ち始めたのは、生活保護受給者に対する敵意や反発である。

職に就けない人たちの生活保護申請を手伝うなど、反貧困活動を一〇年以上続けているNPO「ほっとぷらす」代表の藤田孝典《たかのり》さん（三五）はこの数年、見知らぬ人から非難されることが増えたという。ツイッターやメールで寄せられる意見の八割が批判的な内容だ。〈そんなヤツら、救う必要ない〉

〈自分たちが払った税金なのだから、もっと自分たちに使って〉「以前は賛意や励ましの意見が多かったが、今は弱者に寄り添うことがしんどくなっている」と藤田は言う。

弱者攻撃はさらなる広がりを見せている。テレビ取材に応じた貧困女子高校生、性暴力を告発した女性、果ては障害者や街中のベビーカー、人工透析患者に至るまで、マイノリティーへの不寛容と誹謗中傷はやむことがない。二〇一六年夏に相模原市の福祉施設で一九人の命が奪われる障害者ヘイトの陰惨な事件が起きたのも、この傾向と無縁ではないように思われる。

弱者に向かう攻撃性の鍵となるのは、「特権」という言葉である。在特会の正式名称が「在日特権を許さない市民の会」であることが象徴しているように、弱者への攻撃をする者は、「少数派はその立場を利用して特別な権利を主張している」と考える。

立教大学教授の木村忠正は、日本のネット投稿の分析を通じて、少数派への不寛容について読み解いた。少数派攻撃の動因は、「弱者」の立場の弱さを利用して権利を主張、獲得する「利権」への違和感であると「中央公論」二〇一八年一月号で分析している。弱者批判の投稿をする人たちは、「『マジョリティ』として満たされていないと感じている人々」であるといい、この傾向を「非マイノリティポリティクス」と名付けた。

このような情動のパターンには、既視感がないだろうか。日本で今、蔓延する弱者・少数派への攻撃は、本書で取り上げた各国における、「有権者の乱」を引き起こした人々の言動と極めてよく似ている。

トランプの不法移民排斥政策や人種差別的言動を支持する人たちは、こう言っていた。「黒人や移民らは手厚い支援を受けているのに、白人の私たちは誰も気にかけてくれない」と。欧州で難民受け入れ反対を主張する政党に投票する人たちもまた、こう言った。「難民に税金を使っている余裕があるなら、自分たち普通の市民に使って欲しい」と。「弱者」よりも自分たちを助けて欲しい。そんな叫び声が聞こえる。満たされぬ思いを持っている「マジョリティー」とは、ポピュリスト政治家が「人々」と呼びかける人たちであり、グローバル経済のメカニズムで貧困にこぼれ落ちようとしている中間層である。

従来から弱者だとみなされてきた少数派に対して、自分たちこそ本当の弱者だと主張する。これはいわば、誰が「本当の弱者」なのか、という問いかけでもある。既存の制度や法律、慣習に守られた者と、そうではない者。既得権益で得をしている者と、損をしている者。国民を二つに分けて、自分は後者であると考える人たちが今、各国で増殖している。

この分断は、国家の限られたリソースを奪い合う「人々vs.人々」の争いと言ってもいい。これこそが、既存の政党や政治家への失望を導き、自分たちを代表する政治勢力がいないという不信感を生み出す「代表なき民主主義」症候群の病因だろう。

各国を席巻するポピュリズムは、民主主義を機能不全にする原因ではなく、その結果に過ぎないと序章で述べた。人々と人々の間に引かれた分断線によって引き起こされる症状こそが、ポピュリズムなのだ。

「親アベ」vs.「反アベ」

この視点で改めて、日本における「一強」状態を顧みると、安倍自民党は「自国ファースト」的な情動を自らの支持基盤にすると同時に、「人々vs.人々」の分断の構図を巧妙に取り込んで政権運営の原動力としてきたことが分かる。

例を示せば、やはり沖縄が挙げられるだろう。普天間飛行場移設問題でも県知事の意思や地元の抗議運動を踏みつけにして工事を強行しており、以前の自民党政権がかろうじて保ち続けていた沖縄への配慮や自制は微塵も感じられない。これは、沖縄ヘイトの情動と歩を合わせているように見える。

「一億総活躍社会」「人づくり革命」「全世代型社会保障」といった看板を次々に掲げてはいるものの、その実態は少数派の尊重とはほど遠い。生活保護の生活扶助基準の切り下げと母子加算の削減を進め、朝鮮学校を高校無償化の対象から外すなど、たびたび弱者、少数派を切り捨てるような政策を採っている。

政治家としてのスタイルにしても、敵を名指しする、少数派を排除するといったトランプ大統領の作法のいくつかは、安倍個人の政治姿勢にも顕著に見られる。

「こんな人たちに負けるわけにはいかない」と安倍首相が都議選で演説したことを序章で取り上げたが、「親アベ」と「反アベ」が激しく対立する構図はその後も続いた。さきの総選挙では、首相が街頭演説している場所で、「安倍やめろ」「憲法改悪反対」といったカードを持って抗議を試みた市民に対し、「選挙妨害」「うるさい、邪魔だ」と面と向かって難詰する人々が現れた。

安倍首相が選挙戦で最後の演説をした秋葉原では、少数の抗議者が政権批判のカードを掲げると、支持者らがその何倍もの人数で取り囲んだ。「負けるな　安倍総理」「頑張れ安倍総理」と書かれた巨大な横断幕が掲げられ、広場を埋めた多くの聴衆が日の丸の小旗を振る。今までの選挙では見られることのなかった光景が広がった。

国政選挙における政権与党の連勝に最も寄与している要因といえば、野党分裂による小選挙区での圧倒的優位性と、民主党政権の失敗がもたらした無党派層の野党不信である。そんな敵失によって見えにくくはなっているものの、実際には自民党は支持基盤を縮小させ、多様な民意を包摂する懐の深さを失っている。自民党の党員は三〇年前の五分の一まで減って一〇〇万人強となり、二〇一七年総選挙での比例得票も三三％に過ぎなかった。「こんな人たち」を排除し、少数派と多数派を切り分けた上に立脚した「一強政治」。「人々vs.人々」の争い、社会の分断による負のエネルギーを、時の政権与党自身が取り込んでいるのならば、新興ポピュリズム政党の台頭が現状、日本の国政で観察されていないのも当然だろう。

左右のねじれ

これに加えて、欧米各国で見られるようなポピュリスト政治家が日本の国政に出現しにくい「固有の事情」も存在する。

一つは、国家財政と経済をめぐる右派と左派の立ち位置が、欧米と日本ではねじれていることが挙げられる。アメリカでは原則として、リベラル派の民主党が所得再分配と国家による市場介入を志向し、保守の共和党は市場重視と財政緊縮政策を採る。「大きな政府」対「小さな政府」として知られる左右陣営の対立軸である。欧州の場合は分類や呼び方が異なるが、保守側に財政緊縮主義の傾向が強いのはアメリカと同様だ。

他方、日本では、保守である自民党が必ずしも「小さな政府」にこだわらない。逆にリベラル野党の方がばらまきと増税を批判することが多いという、米欧から見るとねじれた政治風土が日本にはある。

第一章で簡単に触れたが、旧田中派的な統治に典型的に見られた、公共事業を地方に振り分ける形での再分配と利益誘導が自民党のＤＮＡの一つだった。プライマリーバランスを重視して財政を引き締めた小泉政権のような例外はあるものの、赤字国債を発行し続けて国家財政を極度に悪化させた主役は歴代の自民党政権である。積み上がった借金は、国・地方を合わせて一千兆円を超えている。

このため、アメリカのサンダース、英国のコービン、スペインのポデモスのような、所得再分配と反緊縮財政による極端な社会民主主義的政策を訴える左派ポピュリズム政党は、日本では存在感を発揮しにくい。安倍政権も、二〇一七年総選挙では教育無償化を前面に打ち出すなど、見た目上、再分配政策を巧みに取り込んできた。

もう一つは、移民の有無である。日本は移民、難民とも原則的に受け入れないという態度を取る「人的鎖国」状態であり、この点で欧米各国とは一線を画する。

日本の入国管理政策は定住外国人の受け入れに消極的で、安倍首相は一六年に、「いわゆる移民政策を採ることはまったく考えておりません」と国会で明言している。難民に至っては、同年の認定数は二八人に過ぎず、一〇〇万人以上を受け入れてきたドイツなどの欧米各国と比べると、ほぼゼロといってもいい数字だ。

実は後述するように現実には外国人労働者は増え続けており、外国人技能実習制度や留学生といった形で大きな抜け穴があるのだが、建前上は移民の門戸は閉ざされていることになっている。外国人労働力の存在が糊塗《こと》されていることで、日常生活において「移民」の存在は意識に上りにくい。右派ポピュリズム政党を勢いづける排外主義の情念のエネルギーが、日本では大きな力にならないのも当然といえよう。

だが、この「僥倖《ぎょうこう》」が、これからも続くとは限らない。

今後、この国が置かれている状況をいや応なく変えていくのは、人口動態のカーブだ。すでに親となる世代の人口が減っているため、日本はどうあがいても、これからの数十年にわたる深刻な少子高齢化と人口減少を避けることはできない。

高齢者の比率が急激に高まることにより、福祉予算はさらなる財政逼迫《ひっぱく》を招く。「中福祉・低負担」、最近では「低福祉・低負担」とも言われる現状の社会保障政策は持続可能性を失う。遠からず税負担と給付のバランスが崩れ、「低福祉・中（高）負担」が現実のものとなれば、既成政党に否を突きつける人々が増えるのは必然だ。

加えて、人口減による現役世代の不足により、外国人労働力の需要も増え続けるだろう。表向きは移民政策を採らずとも、すでに日本は事実上、「移民国家」に足を踏み入れているという見方もある。

民間シンクタンク「三菱ＵＦＪリサーチ＆コンサルティング」が、労働現場で外国人労働者が占める割合、つまり「外国人依存度」を試算した結果、二〇〇九年から一六年までの七年間で一・九倍に増えていた。総務省の労働力調査と、外国人を雇用する事業所の厚生労働省への届け出をもとに分析すると、一六年時点で全就業者の五九人に一人が外国人という計算になるという。一六年一〇月末の外国人労働者数は約一〇八万人で、過去最高を記録している。

「就労が主目的ではない外国人によって国内産業が支えられているのが実態」と同シンクタンクは解説するが、これはつまり、留学生や技能実習生らを事実上の移民労働力として使っていることを意味する。こんな「裏口入国」のような欺瞞《ぎまん》に満ちた入管政策が長続きするはずはなく、政府は二〇一八年、外国人が就労できる新たな在留資格をつくり、受け入れを拡大する方針を固めた。一定の技能と日本語能力を持つと判断した人に最長五年間の在留を認め、二五年頃までに五〇万人超の来日をもくろむという。

定住外国人労働者、つまり事実上の移民が大きく増えることになれば、先だって取り上げた「弱者攻撃」の情動は、一般市民を巻き込んで大きく増殖していく恐れがある。それを奇貨として、排外主義を前面に押し出すトランプ型ポピュリストが登場する恐れもまた高まるだろう。

グローバル化と国家のジレンマ

今のところ、ポピュリズムの奔流からかろうじて逃れているように見える日本だが、これから先は、大きな陥穽《かんせい》が待ち受けている。今後起こりうる「有権者の乱」に、私たちはどう向き合っていけばいいのか。筆者の手に余る問いであることは承知の上で、本書の最後に駆け足で考えてみたい。

ポピュリズムの台頭は、「真夜中の警報ベル」である。そんな考えを前に紹介した。ここで改めて、各国で鳴り響いているベルに耳を澄ましてみよう。

大音響の警報が指し示している非常事態は、グローバル化が主要国にもたらした格差拡大であり、中間層の没落であることを示してきた。第二次世界大戦後、各国で政治体制の安定を保っていたスタビライザーが次第に機能しなくなり、極端な主張で敵を名指しする政治家の言葉に少なからぬ有権者が引き寄せられている。

これは、フランスの歴史人口学者エマニュエル・トッドの言う「グローバル化疲れ」とも表現できる。格差拡大や移民の増加に当惑する人々は、逆に国家に助けを求め、自ら国家と一体化しようとする傾向が強まる。国境を越えて吹き荒れる市場の暴風に個人で立ち向かうのは、あまりに苛烈だからだ。

そして、国家のほとんどは、この「グローバル化疲れ」の処方箋を書くことに失敗している。グローバル資本主義に棹《さお》さして国力を付けようと考えれば、保守政権であろうとリベラル政権であろうと、多国籍企業や国際資本を無視することはできない。グローバル化というのはつまり、「資本が国を選ぶ」ことができる仕組みだ。魅力がないと判断されれば、海外からの投資は途絶え、国内の企業もより条件のいい外国に流出してしまう。

法人税率を下げ、所得税や消費税を引き上げる。非正規雇用化などで人件費を押し下げ、解雇もしやすくする。企業が参入しやすいようにインフラの民営化を進める。そんなグローバル企業に好まれる政策を採れば、反作用として一般市民の不安や不信はますます強まっていく。

各国のポピュリズムに特徴的な「エリート批判」も、この構図に関わっている。庶民から見れば、既存の政治家や官僚たちは、多国籍企業のトップ、グローバルエリートと一心同体のように映る。

このような「グローバル化とナショナリズムのジレンマ」ともいうべきアポリア（解決不能な難問）が各国を覆う。「自国ファースト」を叫ぶ政治家が人気を博し、ナショナリズムが発熱しているのは、逆説的に、グローバル化の波に抗しきれずに国家が弱体化しているからだ。

結果、魔法のランプからポピュリズムという「魔神」が飛び出し、社会はさらに分断の度合いを深めていく。選挙に勝利したポピュリスト政治家が権力を握っても、「イカロスの翼」のように失速するのが常であり、国家はますます混乱し、機能不全に陥るという負のスパイラルが待ち受ける。

この混乱と迷走は、トランプ大統領の振る舞いを考えてみると分かりやすい。トランプは当選前から、米国外に工場を移転し、タックスヘイブンを使って税逃れをするようなグローバル企業を強く批判してきた。対外的には、オバマ政権が進めていた環太平洋経済連携協定（TPP）からの離脱を決め、関税引き上げを講じて、中国や日本へ貿易戦争を仕掛けている。

その短絡的な反グローバル化政策は国内支持層に対する人気取りでしかなく、戦後の通商秩序と国際協調によって繁栄してきた米国自身の足元を掘り崩している。二〇一八年初めに発表されたギャラップ社の国際世論調査（一三四カ国・地域）によると、米国の指導力を「評価する」と答えた各国の市民は、オバマ政権時の二〇一六年の四八％から急落して過去最低の三〇％になった。グローバル化に感情的に反発することで、世界における指導的地位というアメリカのパワーの源泉を毀損している。

そもそも、グローバル化を先頭走者として牽引《けんいん》してきたのがアメリカという国である。冷戦の終焉によって地球上の隅々まで単一の市場経済に引きずり込み、すべての人間を自由競争に巻き込んだ。その盟主たるアメリカですら、グローバリズムの負の部分に足を取られ、トランプのような人物を指導者に選ぶことになった。

流れに乗ろうとしても、逆に逆らっても、うねりに吸い込まれていく。グローバリズムは、何ものも抗《あらが》うことのできない奔流のように世界の国々を巻き込んでいる。いまや国家は、市場に従属する存在になったかのようだ。

再分配への拒否感

各国の有権者が、グローバル化がもたらした格差の拡大と中間層の弱体化に苦しんでいる。それが疾病の原因ならば、考えうる処方箋は、国家内の再分配を強める政策しかない。現に欧米では、政権の奪取には至らないものの、ラディカルな再分配政策を唱える左派政治家が若者を中心に熱狂的な支持を得ていることを見てきた。

所得再分配政策の難しさは、それが「弱者への攻撃」や「人々同士の争い」を増幅させ、ポピュリズムを呼び込みかねないところである。この問題について、総選挙で躍進した立憲民主党の幹事長、福山哲郎に話を聞いた。民主党時代に政権交代を経験し、その後も再分配と社会的包摂について考え続けている政治家だ。

「この一〇年、日本でも中間層から滑り落ちる人々が急激に増えている。そんな人たちの一部は、ぎりぎりの生活をしている自分たちから税金を取って、さらに弱い人たちに配るのはおかしいと考える。その意識が、再分配政策への拒否感へとつながっている」

「人々vs.人々」の対立が日本で広がっていることを、野党第一党の幹事長も感じ取っていた。そして、この無益な争いを解消するには、「中間層を含めたすべての国民に届くようなユニバーサルなサービス」を国家が提供するしかない、と福山は語った。すべての納税者が再分配の実感を得られるようにすることで、「弱者の特権」への批判は起きにくくなるという考えだ。民主党政権時代、子ども手当や高校無償化に所得制限の枠をつけなかった理由はここにあるとも話した。

「どんな人でも人生を通じて、さまざまな事情で生活を支える諸条件が変わることがある。誰もが貧困に落ち込む可能性があるということを前提に、分断や差別を助長しないような再分配の仕組みを作るべきだ。弱者が弱者を差別する社会は脆弱《ぜいじゃく》でしょう。みんなが異なる存在であることを認め合い、許容し合う方が、より強い社会を育む」

「分断や差別を生まない再分配政策」が必要であるという福山の提言は、示唆に富んでいる。「自分たちの方が本当の弱者だ」という不毛な足の引っ張り合いを生まないために、再分配の仕組みに存在する「不公平感」をできるだけ減らしていく。社会階層や世代、性差、地域を超えた負担と受益の公平性を目指し、「誰もが給付の実感を得られるような福祉制度」を設計する。これは一つの方策になり得るかもしれない。

高負担の北欧諸国で国民の不満が少ないのは、誰でも再分配の恩恵を受けられ、負担に見合った給付の実感を得られるからだといわれる。最近は論壇でも、「高負担・高福祉」モデルの是非を政策の対立軸にするべきだという議論が生まれている。

慶應義塾大学教授の井手英策《えいさく》は、「分断社会」を終わらせるために、所得制限を設けずに「すべての人の基礎的ニーズを満たす」という財政戦略を立てることを提言する。つまり、貧富を問わず、どんな人であれ子育て、教育、失業、介護、老後など人生の各段階で必ず公的サービスを受けることができる代わりに、全員が所得に応じた負担をする国を作る、ということだ。これは「自己責任社会」からの脱却を意味するだろう。

「自分だって大変なのだから、みんな我慢しろという声が多数派になっている。社会的弱者を救おうと主張するだけで反発が集まる。これは自己責任社会の悲哀でしょう。一部の人たちだけを救済するのではなく、転落の恐怖を感じている中間層も含めたすべての人を救うような社会を目指すしかない」と井手は語る。

この政策に共感し、井手をブレーンとした前原誠司は、民進党代表として「All for All（オール・フォー・オール）」政策を二〇一七年の総選挙直前に発表した。だが周知の通り、前原自身が党の事実上の解体を導き、構想は宙に浮いたままだ。

想像の共同体

次に、政策以前の問題として、このような再分配の仕組みを現実のものとするためにはどのような市民の意識が必要となるかを考えてみよう。

グローバル化の恩恵を受けている富裕層でも、今の生活水準から滑り落ちる不安を感じている中間層でも、すべての国民が自分の取り分の一部を差し出す。この負担を受け入れるためには、仲間意識とでも言うべき動機付けが欠かせない。そして、この仲間意識は、必然的に「この国に住むすべての人たち」を含まなければならない。

ここで論ずべきは、「国民意識」ということになる。国家の構成員を仲間とみなす心情は、国民という概念からしか生まれないからだ。

国民国家の研究といえば最初に名前の挙がる学者の一人で、コーネル大名誉教授だったベネディクト・アンダーソンにインタビューをしたことがある。二〇一五年に急逝する数年前だった。

彼が書いた社会科学の古典、『想像の共同体』によると、「国民／私たち」という考えが生まれたのは一八世紀末のことであり、それは人々の想像の中にのみ存在するのだという。「ネーション（国民）は想像の産物である」というテーゼは、それまでの国家観をひっくり返すような衝撃力を持ち、「想像の共同体」という言葉は今もしばしば、ナショナリズムの欺瞞や虚構性を意味する文脈で使われている。

だが、著者本人は意外なことを語った。

「ナショナリズムは本来、未来志向なものだ。私たちは、国民国家があるからこそ、未来のため、まだ生まれもしていない子たちのために行動することができる」

このナショナリズム研究の泰斗は、身近な例を挙げて分かりやすく説明してくれた。例えばアメリカで、黒人解放運動やフェミニズム、同性愛者の権利擁護運動が起きたとき、大きな役割を果たしたのが実はナショナリズムなのだと。

「人々が黒人の権利や同性愛者の権利を認めたとき、『彼らだって同じアメリカ人なのだから平等に扱わなければ』と考えたはずだ。国民という概念が、こんな考え方を可能にする。ナショナリズムは、人種偏見や性差別を乗り越えることができる」

確かに、アンダーソンが言うように、近代以降の国民国家は、その枠の内側での平等を曲がりなりにも志向してきた存在であることは疑いない。

だがそれでも、ナショナリズムといえば、いや応なく思い出されるのは二度の大戦だ。第二次世界大戦では行き過ぎた国家主義がファシズムを生み、世界を戦争に引きずり込んだ。だからこそ戦後は、ナショナリズム思想の台頭が各国で強く警戒されてきた。

お国のため、と犠牲を強いられ、三〇〇万人もの国民が命を失った日本では特に、痛切な反省を多くの国民が共有し、ナショナリズムそのものがタブー視されるようになった。個人の否定と排外主義という強い副作用がナショナリズムにはある。愛国心の暴走に対する懸念は、私も強く持ち続けている。

現に日本では、自称ナショナリストの一部が、反在日コリアン、嫌韓、嫌中のヘイトをまき散らしている。そうアンダーソンに問い返すと、こんな答えが返ってきた。

「排外的な民族中心主義は逆に、過去にとらわれる思考だ。どうも国がうまくいっていないように感じるが、それが自分たちのせいだとは思いたくない。そんなとき、人々は外国や移民が悪いと考える。外国人が入ってくると日本らしさが失われるといった議論が出始めたら危険だ。その思い込みは単なる人種差別であり、本当のナショナリズムは平等主義なのだ」

彼の話を聞き、私はアメリカにおける日系人の歴史を思い起こした。日米開戦後、敵国出身の日系人は忠誠心を疑われ、約一二万人が強制収容所に拘束された。米政府は戦後四〇年以上経った一九八八年、間違いを認めて謝罪し、補償金を支払うことを決めた。

なぜ、強制収容所が過ちだったと米政府は認めたのか。それは「日系人も同じアメリカ国民だから」だ。SFドラマ「スター・トレック」の宇宙船員ミスター・スールー(日本放映時はミスター・カトウ)役で有名な俳優で、自らも収容所経験を持つ日系三世のジョージ・タケイ(八一)は以前、私にこう語った。「強制収容所は日系人の歴史なのではありません。アメリカ国民の歴史なのです」

「私たち」という感覚

本書ではこれまで、右派ポピュリズムを検証し、「ナショナリズム」を否定的な文脈で取り上げてきた。だが、国民国家内での再分配を考える上で、この言葉は改めて重要なキーワードとして浮かび上がってくる。

今、必要なのは、アンダーソンの言うように、「平等主義的なナショナリズム」という国民国家の原点に立ち返ることなのかもしれない。

現代史を振り返っても、本格的な福祉政策が実現したのは、あくまで安定した国民国家においてであった。もし、「国民／私たち」という感覚が揺らいでしまったら、再分配のために税を負担する動機付けは雲散する。そもそも、国民国家の枠内での格差や不平等を問題にする以上、ナショナルな思考を避けることはできない。

これは、国家内での平等を実現するために国民の相互扶助の意識が肝要だとする近年の欧州における思想、リベラル・ナショナリズムの考えと近いだろう。グローバル化疲れが招く国家への回帰が、「自国第一」の偏狭な国家主義を呼び出している現在、私たちがしなければならないことは、逆説的に「リベラルで平等主義的な包摂のナショナリズム」という対抗軸を各国で新たに構築することなのではないだろうか。

それは、グローバル化を正面から否定するものではない。たとえ現状はかけ離れているとしても、「国境や国籍に囚われることのない自由で平等な世界」というグローバル化が内包するある種の理想は大切に持ち続けるべきだと考える。「障壁のない自由貿易が各国に豊かさをもたらし、国家の相互依存が戦争を抑止する」という反保護主義の理念もまた、簡単に手放してはならないだろう。

だが、その一方で、グローバル資本主義がもたらす格差や中間層の崩壊といった矛盾を放置し、世界規模での競争社会に個人をむき身で投げ出すようなことを続けていれば、ポピュリズムの種は発芽し続ける。グローバル市場の暴風から人々の生活の土台を守るためには、それぞれの国民国家内部における「仲間意識」を再評価することが必要になる。

それが具体的にどのようなものなのか。指し示すのは難しいが、ベネディクト・アンダーソンが挙げた例を参考にすれば、日本では例えば、阪神・淡路大震災で芽生え、東日本大震災で大きく枝を広げた市民によるボランティアの広がりが想起される。

それは、失われつつある「私たち」という感覚を取り戻すことにほかならない。排除ではなく、包摂がもたらす「私たち」の意識を共有していれば、不安定雇用と低収入にあえぐ日本のロスジェネ世代や、アメリカで貧困化する白人たちの苦境を見て見ぬふりをすることはできないはずだ。

トランプ支持者たちにどのような視線を向けるべきか、「引っかかりを感じ続けている」とさきに書いた。日本で弱者攻撃を続けているような人々への視線もまた、同様だと思う。いかに自分と価値観が相容れぬ人々だったとしても、彼らを敵視して向こう側に押しやる振る舞いは、今の分断状況に与《くみ》することにしかならない。「人々vs.人々」の争いに巻き込まれないためには、「私たち」の体感を大きく広げることが求められる。

本書では、各国ではびこる自国ファーストの情念と、それを利用して支持を得る政治家たちをこれまで批判的に取り上げてきた。見てきた通り、一足飛びに自らを国家に重ねるような意識の持ちようは、他国や他民族を敵視するだけの排外主義に搦《から》め捕られる恐れがある。

だからこそ、今、必要なのは、ナショナリズムをただ全否定するのではなく、その役割と副作用を冷静に見極めて、まっとうな国民国家観を共有することだ。アメリカでの白人至上主義や、日本における沖縄へイトなどの弱者攻撃は、本来のナショナリズムとは無関係であることを示し、国民の間に開いた分断の亀裂を修復する。それが、「未来志向のナショナリズム」なのではないだろうか。

この課題についてさらに掘り下げて考えるのは別の機会に譲るが、第一歩を踏み出す上で鍵となるのは、身近なコミュニティーへの参画を通じた「多様性を包摂する『私たち』意識」の醸成だと考える。

グローバル市場が生活世界を押しつぶすように広がっていくことで、人々の活動は生産から消費へと軸足を移し、地縁、血縁コミュニティーは衰退する。これはポスト産業社会の必然だ。第二章で取り上げたハーバード大学のロバート・D・パットナムによる名著『孤独なボウリング』は、アメリカでも一人でボウリングをするような人が増え、地域、親族、教会（宗教）の三つの共同体が崩壊している様を描いている。

パットナムはインタビューでこうも話していた。

「トランプ支持者の特徴は、社会的なつながりが乏しい人たちだということです。社会関係資本（人と人とのつながり）が欠乏した地域であるほど、トランプ支持が強い傾向が米メディアで指摘されている」「人は孤立すると、他人への寛大さや他人と自分が平等だという意識が低くなる。これは米国に特有のことではない」

つまり、共同体の衰えと人々の孤立が、弱者への攻撃を生み、トランプ大統領を生んだ一因だというのだ。容易にポピュリズムを呼び出すことのない社会を目指す上でも、共同体の再生は欠かせない。

日本でもアメリカと同様に、ムラ的、町内会的な地域共同体が消え、その代替物だった会社共同体も輪郭を失っている。このような状況下で、国家と個人の狭間を取り持ち、かつ多様性を包摂するような中間コミュニティーを再建していくことは極めて困難な作業であろう。

それでも、一歩を踏み出すしかない。人々と人々とが憎み合い、弱者同士でたたき合うような分断をこれ以上増殖させないために。

民主主義とは

民主主義って何だ?

本書の冒頭で立てた、この問いを思い返す。

アメリカにおけるトランプ大統領の誕生と、日本を含めた各国の選挙や社会の動きを追うことによって、民主主義が陥っている症状を読み解く。それが、本書の目指すものだった。

結論を言えば、民主主義は機能不全を起こしているわけではないと私は考える。各国の選挙が出した結果は、現在のグローバル資本主義の矛盾と、それが招いた市民社会の分断、「人々vs.人々」の情動をそのまま転写したようなアウトプットに過ぎない。

ポピュリスト政治家たちは、「自分こそ『真の民意』を代表している」と主張することで、社会の分断をさらに押し広げている。異なる意見を持った人々を排除し、差別することで、亀裂の向こう側に押しやられた人々の「自分たちは誰にも代表されていない」という感覚を助長する。

それでも、これまで見てきたように、ポピュリストたちの勝利は決して長続きはしない。「弱者」同士の争いによる分断そのものを足場にして支持を集めるような政治手法は、たとえれば焼畑農業のようなものだ。社会の持続可能性を損ない、ひいては自らの土台も掘り崩すことになる。

負の側面ばかりが強調されるポピュリズムだが、半面、社会に問題が起きていることを大音量で知らせてくれる役割がある。選挙によって姿を現す分断の風景は、今の社会が持っている矛盾、問題点を掘り出して見せているだけで、民主主義が新たに問題を生み出しているわけではない。

ポピュリズムが民主主義の一つの現れであり、問題の原因ではなく症状に過ぎないのだとしたら、目を向けるべきは、その症候群を生み出したもの、グローバル資本主義と国民国家の関係がはらむ矛盾である。

繰り返すが、今求められているのは、ポピュリスト政治家を生み出した有権者たちを非難し、分断線の向こう側に追いやることではない。彼らがそうせざるを得なかった根本の問題、彼らが置かれている困難な状況そのものに正面から向き合うことだ。それは分断の亀裂を埋め、同じ国民国家の仲間として、「私たち」の感覚を再建することにつながる。

民主主義は常に最善の結果をもたらすとは限らないし、選挙が常に最良の政治家を選び出すわけではないことを、私たちは歴史から学んでいる。民主主義とは、社会が抱えている問題を解決する制度ではなく、その社会をありのまま描き出し、スクリーンに映し出す仕組みなのだと考えれば、今、世界各国で起きていることを理解できるだろう。

二〇一六年のアメリカ大統領選のわずか八日後、目の前でポピュリズムの猛威を見たばかりのオバマ大統領は、民主主義発祥の地たる外遊先のギリシャでこう演説した。

「この地で生まれた民主主義は決して完璧な制度ではない。だが、平和的にお互いの違いを乗り越えることができるベストの制度なのだ」

選挙が分断をさらに広げ、新たなリスクを生み出しているように見える今こそ、この民主主義を手放してはいけない。声を発するのを諦めたときに本当の危機が生まれることを、人類はすでに経験している。

【漂流する民主主義に寄せて　インタビュー④】

ベネディクト・アンダーソン（コーネル大学名誉教授・故人）　二〇一二年一〇月

――日中韓で国家の誇りやナショナリズムを強調する言葉が目立っています。

確かに、もっと強硬な外交政策を採るべきだと主張する政治家が増えていますが、これは本来のナショナリズムとは違うものです。不安や自信喪失といった感情。日本はもはや大国ではないという思い。そんな意識が、人々に大きな声を上げさせているのです。自分の国がどうもうまくいっていないように感じるとき、人々は外国や移民が悪いのだと考えがちです。日本における中国、韓国や在日外国人への敵対心は、こうして生まれます。これはナショナリズムというよりは、民族主義的、人種差別的な考え方といえますが、米国でもまったく同じことが起きています。

――国民は、近代になって「創作」されたものだと主張されていますが、ではナショナリズムとは、いったい何なのでしょうか。

通常のナショナリズムは、日常生活の一部であり、習慣やイメージであり、空気のようなものです。例えば、テレビで天気予報を見るとき、どうして日本各地の天気しか放送しないのか、などとは誰も疑問を抱かないでしょう。テレビのコマーシャルが、すべて日本人を対象にしていることについても、誰も注意を向けない。誰もが、「日本人」であることをごく当たり前に受け入れています。

ですが、日本が国民国家としてスタートしたのは、ほんの百数十年前、明治時代のことです。それまでは、自分を「日本人」だとは誰も思っていなかったはずです。象徴的なのは、アイヌ民族と沖縄の人々でしょう。日本政府は明治時代になって初めて、彼らを「日本人」に組み入れた。江戸時代より前は、自分たちとは違う民族だと区別していたのに。

――戦後日本では、ナショナリズムをやっかいなものだと考え、遠ざけて考えないようにしてきました。

ナショナリズムそのものが悪なのではありません。それは、いわば社会の接着剤であり、人々に「自分は日本人だ」と感じさせるものです。考えてみて下さい。私たちはなぜ、税金を払うのか。例えば公園や美術館を維持するためだと考えて納得するわけですが、その前提となっているのは、国家は将来にわたって存在し続け、自分の子や孫たちもきっとこの国で生き続けるという揺るぎない確信です。

——各国で、インターネットが排外主義的なナショナリズムを煽っている面があります。

ネット上には、差別を助長するような内容の情報が漂っています。人は、自分が信じたいことを信じるものです。ネットでは、自分のお気に入りのリンクだけ見ていれば、ほかのニュースは見ずに過ごすことができる。政治、経済、国際などのニュースが一つになっている新聞とは正反対のメディアです。この「リンクの世界」では二四時間、特定の情報にだけ接して過ごすことができるし、グーグルで検索すれば何も覚える必要がない。コンピューターの前に座るだけの生活はもうやめた方がいい、と若者たちには言いたい。

——私たちはナショナリズムとどう付き合えばいいのでしょうか。

いくつか、ヒントがあると思いますが、重要なのは、移民の存在です。グローバル化が進み、今後は多くの労働者が外国に移り住むようになる。日本政府の移民政策は評価できませんが、「外国人が来たら、日本らしさが失われる」というような議論が出始めたら危険です。それはナショナリズムなどではなく、単なる差別主義なのです。

〈Benedict Anderson〉

米コーネル大で教えたナショナリズム研究の第一人者。一九三六年、中国・昆明生まれ、二〇一五年、訪問先のインドネシア・ジャワ島で死去。「国民とはイメージとして心に描かれた想像の共同体である」と指摘した名著『想像の共同体』で知られる。

おわりに

メディアの海外特派員にとって大切な仕事の一つが、駐在する国や地域の変化を一定の視点で追い続ける定点観測です。精密な測定機器のように同じ地点の微細な変化を観察し、地表からは見えにくい地殻変動を見通す能力は、すぐれた特派員の証でしょう。

その一方で、近年各国で起きる事象が、まるでシンクロするかのように似た姿を見せていることは、多くの人が感じているところです。一国だけを、一地域だけを見ていたのでは、その全体像も根本の理由もつかめない出来事が最近は増えているように思えます。もとより敏腕でも勤勉でもない記者ではありますが、この十数年、ニューヨークに二度赴任し、日本とアメリカを交互に見つめてきた身として、世界各地の相似点が気になって仕方がありませんでした。

これはいったい、どんなメカニズムが働いているのだろう。そんな疑問に突き動かされて、日本で、アメリカで、そして出張で訪れた欧州で、目に見える事象を掘ってみた。あちこち素手で地面をひっかいていたら、なにやら似たような根っこに行き当たり、それは国境を越えて地下茎のように一つにつながっていることに気づいた……。実際の取材活動は、こんなところでした。

後の世から振り返って見たとき、この十数年に世界で起きたことは、歴史の大きな転換点だったと記録されるに違いありません。本文で何度か繰り返したように、時代という奔流のただ中に身を置いていると、その巨大な変わりようになかなか気づかないものです。本書に書かれていることは、ある特定の地域、時間に起きたことを一つなぎに記録したルポであり、歴史的な変動を同時代人として大づかみに把握しようとした試みです。この無謀な挑戦を、読者の皆さんと共有することができたとしたら、この上ない幸せです。

こんな取材を許容し、支えてくれた朝日新聞の上司と同僚には感謝しきれません。ここで全員の名を挙げることは紙幅が許さないため、代表として、いくつもの原稿を受け止めてくれた国際報道部の石田博士デスク、ニューヨーク支局のかつての同僚で現社会部の中井大助デスクに、お礼の言葉をお伝えしたいと思います。

一冊にまとめるにあたって、企画案の段階から的確な助言を投げかけて下さった集英社新書編集部の渡辺千弘さんがいなければ、本書は日の目を見ませんでした。そして、本書にご登場いただいた多くの皆様、章末に抄録したインタビューで核心を突く学理をご教示下さった識者の方々に心からの謝辞をお送りします。ありがとうございました。

加えて、取材や執筆に時間を費やす私を見守り、ときに的を射た意見も寄せてくれた同業の妻に感謝します。子どもも含めた家族の支えがなければ、そもそも取材活動を続けることができたか、心許ない思いです。

今の世界では、人々を敵と味方に分け、分断するような思考の罠が至るところにある。それが、本書を書き上げて心に残った思いです。私自身の中にも、分断の「壁」はおそらくあります。それを理解するために、この本を書いたのかもしれません。

二〇一八年六月

真鍋弘樹

真鍋弘樹（まなべ ひろき）

一九六五年生まれ。朝日新聞編集委員。前ニューヨーク支局長。一橋大学社会学部卒業後、同紙に入社。東京本社社会部、那覇支局、ニューヨーク支局等で報道に携わった後、論説委員、社会部次長。これまで同紙で、「愛国を歩く」「地球異変」「ロストジェネレーション」「孤族の国」等の連載記事を担当した。著書に『3・11から考える「家族」』（岩波書店）、『花を 若年性アルツハイマー病と生きる夫婦の記録』（朝日新聞社）、共著に『トランプのアメリカ』（朝日新聞出版）など。

ルポ　漂流《ひょうりゅう》する民主主義《みんしゅしゅぎ》　　集英社新書〇九四六B

二〇一八年八月二二日　第一刷発行

著者……真鍋《まなべ》弘樹《ひろき》

発行者……茨木政彦

発行所……株式会社集英社

東京都千代田区一ツ橋二-五-一〇　郵便番号一〇一-八〇五〇

電話　〇三-三二三〇-六三九一（編集部）
〇三-三二三〇-六〇八〇（読者係）
〇三-三二三〇-六三九三（販売部）書店専用

装幀……原 研哉

印刷所……大日本印刷株式会社　凸版印刷株式会社

製本所……加藤製本株式会社

定価はカバーに表示してあります。

ISBN 978-4-08-721046-0 C0236